Lettres des années trente

Lettres des années trente

Actes du colloque
tenu à l'Université d'Ottawa
le 30 novembre 1995

Sous la direction de
Michel Biron et Benoît Melançon

Le Nordir

Les Éditions du Nordir ont été fondées en 1988
au Collège universitaire de Hearst.

Correspondance :
Département des lettres françaises
Université d'Ottawa
60, rue Université
Ottawa (Ontario)
K1N 6N5
Téléphone : (819) 243-1253
Télécopieur : (819) 243-6201

Mise en pages : Robert Yergeau
Correction des épreuves : Michel Biron, Claire-Hélène Lengellé,
Benoît Melançon et Stéphanie Wells

Les Éditions du Nordir sont subventionnées par le Conseil des Arts du Canada,
par le Bureau franco-ontarien du Conseil des Arts de l'Ontario
et par la Municipalité régionale d'Ottawa-Carleton.

Distribution : Diffusion Prologue Inc.
Téléphone sans frais : 1 800 363-2864
Télécopieur sans frais : 1 800 361-8088

Dépôt légal : troisième trimestre de 1996
Bibliothèque nationale du Canada
© Les Éditions du Nordir, 1996
Tous droits réservés pour tous pays
ISBN 2-921365-54-5

En couverture : Université d'Ottawa, Centre de recherche en civilisation
canadienne-française. — Fonds Marie-Rose Turcot. — Correspondance.
— Lettres reçues. — Alfred D[esRochers] à Marie-Rose Turcot, 23 juillet 1932,
P22 / 1/ 2-10, p. 2 de 2. / Photo Lorne Bartlett, SPAV, Université d'Ottawa.

Les Éditions du Nordir remercient le CRCCF de leur avoir permis de découvrir la
lettre d'Alfred DesRochers et Madame Simone DesRochers-Alary d'avoir autorisé
sa reproduction.

Présentation

Michel Biron et Benoît Melançon

L'écriture épistolaire, longtemps étudiée pour sa seule valeur documentaire, est aujourd'hui le lieu d'un investissement critique renouvelé. Parmi les nombreuses recherches en cours, le Centre universitaire de lecture sociopoétique de l'épistolaire et des correspondances (CULSEC), animé par Michel Biron, Jane Everett, Benoît Melançon et Pierre Popovic, s'intéresse tout particulièrement aux rapports que la lettre entretient avec la société, observés à travers le prisme de l'histoire, du discours social et de l'institution littéraire, et lus avec les outils de l'analyse textuelle.

À l'origine du colloque dont le présent volume contient les Actes se trouve une hypothèse délibérément naïve, selon laquelle la lettre, parce qu'elle appartiendrait à la sphère privée, jouirait d'une plus grande liberté que la littérature, soumise, elle, aux contraintes idéologiques de l'espace public. Pourquoi naïve ? Pour trois raisons au moins, apparues nettement au fil des communications : tout d'abord parce que les espaces privé et public ne cessent de mordre l'un sur l'autre et de s'échanger leurs signes, par exemple dans les lettres qui gravitent autour de revues ; parce qu'une telle hypothèse suppose aussi que l'écrivain relâche sa garde dès qu'il écrit une lettre, alors qu'en réalité, comme le montrent plusieurs des textes réunis ici, la lettre est souvent explicitement ou implicitement un discours intéressé ; parce qu'enfin, dans le discours épistolaire, on a toujours affaire à du langage, à de l'écriture. Ainsi que le postule Rainier Grutman, « la lettre écrit plus qu'elle ne décrit le social » et elle ne saurait donc être considérée comme un simple document qui donnerait à lire son époque en transparence.

Pour autant, entre le document et le contre-discours qu'elle n'est sans doute qu'exceptionnellement, la lettre ouvre un espace trop singulier pour n'être que l'antichambre de la littérature. C'est pourquoi il est nécessaire de ne pas renoncer tout à fait à l'hypothèse sociopoétique initiale, quitte à la reformuler moins « naïvement » en recourant au mode interrogatif cette fois : que dit la lettre, qui ne soit pas que l'écho trivial de ce qui s'écrit ailleurs en littérature, dans l'espace public ? Plutôt que de chercher à répondre à cette question de façon globale ou théorique, nous avons choisi de l'aborder à travers des lectures sociales de correspondances spécifiques. Nous l'avons fait en nous fixant une seule restriction, d'ordre chronologique : les années trente. Il fallait en effet, pour garantir une cohérence heuristique à l'ensemble des études, que chaque correspondance, si particulière soit-elle, puisse être rapportée à un horizon de sens commun. Même s'il va de soi que l'activité épistolaire des écrivains retenus ne se limite pas à la période imposée, bordée en amont par la Crise de 1929 et en aval par la Seconde Guerre mondiale, ce découpage se justifie du fait que les années trente constituent, à plusieurs égards, un tournant dans l'histoire sociale et littéraire du XXe siècle.

Dans le texte d'ouverture, Rainier Grutman s'intéresse à l'écrivain belge Michel de Ghelderode, l'un des épistoliers les plus prolifiques du siècle. Bien qu'il se prétende au-dessus de la mêlée sociale et ne commente qu'avec réserve ou dédain le discours de ses contemporains, Ghelderode se sert de la lettre pour construire son propre mythe et celui de sa nation, allant jusqu'à transformer sa terre maternelle en une Flandre mythique à « arôme racique ». Chez lui, la lettre s'expose au social, mais de biais, par l'intermédiaire de la logique des positions littéraires qui préoccupe au premier chef le dramaturge. Le même constat est posé par Michel Lacroix à propos d'un échange de lettres à *La nouvelle revue française*, autour d'une note problématique de Charles-Albert Cingria sur Trotski. Cette note provoque la colère d'André Gide, qui écrit à Jean Paulhan pour contester la vision apolitique défendue selon lui, via Cingria, par la NRF. Un double enjeu se profile à travers cette dispute épistolaire : l'autonomie de la littérature à l'égard de la sphère politique et l'autorité personnelle de Gide et de Paulhan à l'intérieur de la revue ou, plus généralement, dans le milieu littéraire parisien.

Au Québec, les années trente ne sont pas seulement celles de la Crise : elles correspondent aussi à l'essor d'une nouvelle génération d'écrivains et à ce que l'on a parfois appelé la « première modernité » québécoise. Cette génération n'a toutefois pas tenté de rompre avec les figures dominantes de l'époque, comme l'historien littéraire Camille Roy ou le critique Louis Dantin. Au contraire, les jeunes écrivains cherchent le plus souvent à obtenir les conseils, voire la caution de leurs aînés. Dans ce processus d'émergence, la lettre joue un rôle actif, comme le montrent les études de Jane Everett, de Marie-Andrée Beaudet et de Richard Giguère.

Jane Everett scrute trois conventions épistolaires dans un corpus de lettres reçues par Camille Roy : l'appel, la salutation et la signature. La conformité relative de ces « seuils » épistolaires, malgré la diversité des correspondants du recteur de l'Université Laval, met en évidence une sorte de loi implicite du genre, selon laquelle l'acceptabilité — il faudrait sans doute dire en ce cas la recevabilité — de la lettre dépend moins du contenu épistolaire proprement dit que du respect de ces conventions formelles qui établissent nettement la position sociale du destinateur comme celle du destinataire.

De son côté, Marie-Andrée Beaudet présente le cas d'une jeune femme poète, Simone Routier, qui sollicite l'appui de Louis Dantin, avant d'inverser les rôles une fois qu'elle se sera installée à Paris, d'où elle pourra rendre de précieux services à son ancien mentor. La lettre devient ici le lieu d'un échange de bons procédés et révèle que l'ambition littéraire n'est désormais plus l'apanage d'un sexe, mais celui d'une classe, en l'occurrence la bourgeoisie d'affaires à laquelle appartient Simone Routier.

En passant de cette étude à celle de Richard Giguère, qui porte sur la correspondance Louis Dantin-Alfred DesRochers, on appréciera à quel point le discours épistolaire se modifie en fonction du destinataire. Alors qu'il n'est à peu près jamais question des événements sociaux ou politiques dans les lettres échangées par Dantin et Routier, la correspondance avec DesRochers en est saturée. On connaissait déjà l'ascendant littéraire de Dantin sur DesRochers au moment où ce dernier préparait son recueil *À l'ombre de l'Orford* ; Richard Giguère poursuit son étude de ce corpus épistolaire et s'attache à leur différend idéologique en regard de la Crise. Dans cet étonnant échange de vues, unique peut-être par son ampleur au cours de cette décennie réputée apolitique, chacun semble moins préoccupé de convaincre l'autre de la justesse de ses vues que du sérieux de ses lectures sur le sujet. Au terme d'un échange qui ressemble parfois à un cours par correspondance, DesRochers ira jusqu'à annoncer en 1933 son intention de fonder un journal socialiste, doublant son correspondant sur sa gauche. Même à propos de questions apparemment aussi peu littéraires que celles-là, l'écrivain semble ramener le social vers ce qu'il pratique le mieux : la lecture et l'écriture.

Si la lettre joue un rôle si central dans l'élaboration d'un espace littéraire moderne au Québec, ce n'est sans doute pas tout à fait un hasard. Faute de milieu de socialisation spécifique, l'écrivain doit presque obligatoirement recourir à la lettre pour nouer et entretenir des relations avec ses pairs. C'est là le postulat initial du texte de Michel Biron, qui examine sous cet angle deux « configurations épistolaires » de nature bien différente, celles d'Alfred DesRochers et de Saint-Denys Garneau. Dans les deux cas, il apparaît que la littérature se définit à partir du caractère personnel qui structure chaque configuration (au sens que donne Norbert Elias à ce terme) : la littérature n'est pas d'emblée cet espace impersonnel qu'elle est censée être, selon certains, depuis le XIXe siècle, mais paraît résister à sa fonction mercantile en empruntant certaines valeurs propres à la sphère privée de l'échange épistolaire.

Le refus de la socialisation et le repli sur une sphère d'intimes prennent, chez Saint-Denys Garneau, une dimension tragique. Dans la dernière étude de cet ouvrage, Eva Kushner relit la correspondance de Garneau du point de vue de ses destinataires, en tant qu'espace de communication. Or, quel que soit le destinataire — parent, femme ou ami —, la lettre évite le partage des sentiments ou des idées et confine à l'incommunicabilité. En dépit de l'ouverture manifestée envers l'autre, l'échange tourne au solipsisme, le dialogue au monologue. Pourtant, tout en se retirant farouchement des débats sociaux, le monologue épistolaire de Garneau est peut-être moins l'expression d'un inconfort strictement personnel que le signe d'une incommunicabilité plus générale, liée aux conditions de l'époque. Ainsi la lettre dit le social, même lorsqu'elle paraît s'y dérober.

Le propre des Actes de colloque, au-delà de la diversité des contributions, est de ne jamais conclure, c'est même l'impossibilité de conclure, sauf de manière générale et prospective. Sans doute est-ce là un défaut inhérent au genre, auquel les signataires de cette présentation ne peuvent pas grand-chose. Ils voudraient toutefois y voir aussi une qualité, un constat modeste mais utile d'inachèvement, l'expression d'un désir de poursuivre la réflexion ou, plus positivement encore, le signe le plus net que les hypothèses de recherche lancées ici ne doivent pas rester lettre morte.

La tenue du colloque « Lettres des années trente », qui était placé sous le patronage du Centre interuniversitaire d'analyse du discours et de sociocritique des textes (CIADEST), et la publication de ses Actes ont été rendues possibles grâce au soutien financier de la Faculté des arts de l'Université d'Ottawa et du Fonds pour la formation de chercheurs et l'aide à la recherche du gouvernement du Québec (FCAR). Nous remercions également le Département des lettres françaises de l'Université d'Ottawa, et particulièrement Mme Claire-Hélène Lengellé, de même que Mme Stéphanie Wells, de l'Université de Montréal.

Michel de Ghelderode, metteur en scène épistolaire

Rainier Grutman

Comment le social se donne-t-il à lire dans une correspondance ? Y prend-il la forme d'une trace, d'un témoignage, d'une allusion ? Ou est-il, au contraire, inhérent à la démarche épistolaire, cette dernière étant toujours déjà un geste intersubjectif, une main tendue à l'autre, destinataire réel ou inventé ? Selon la deuxième hypothèse, privilégiée ici, la lettre écrit plus qu'elle ne décrit le social, dont elle relève tout en en demeurant retranchée. Le montrera une étude soucieuse de rapprocher l'énoncé épistolaire de son contexte d'énonciation.

L'énoncé qui nous servira de pierre de touche est l'une des correspondances les plus riches du XXe siècle francophone. En un peu plus de quarante ans de vie littéraire active, Michel de Ghelderode (1898-1962) aurait envoyé quelque vingt mille missives, dont un tiers environ a pu être retrouvé grâce aux patientes recherches de Roland Beyen[1]. Dans ce corpus énorme, il a fallu faire un tri, tâche rendue plus facile par les bornes chronologiques qu'imposait le colloque « Lettres des années trente ». Seront considérés les billets envoyés et, parfois, reçus par Ghelderode entre 1929 et 1935 (ce qui représente un total de 583 lettres). Comme sa correspondance est en cours de publication, il n'est pas vraiment possible d'aller au-delà de la deuxième date, du moins si l'on veut en avoir une vue d'ensemble. Quant au *terminus a quo*, il a été reculé d'un an pour deux raisons. D'abord, mil neuf cent vingt-neuf voit non seulement s'effondrer la Bourse de New York, mais connaît aussi d'importantes élections en Belgique, importantes parce que le suffrage universel (masculin), introduit dix ans plus tôt, y donne voix au chapitre aux néerlandophones jusqu'alors enfouis dans la « majorité minoritaire ». Aussi les résultats du scrutin, favorisant notamment de petits partis nationalistes flamands, inciteront-ils Bruxelles à prendre au sérieux leurs griefs et à proposer des solutions concrètes, telle la flamandisation de l'Université de Gand. Il faudra revenir sur ce glissement dans le partage des pouvoirs politiques au cours des années trente, ainsi que sur les répercussions littéraires qu'il n'a pas tardé à avoir. Concentrons-nous dans l'immédiat sur la biographie de Michel de Ghelderode et nous verrons que 1929 y occupe également une place prépondérante. Le 12 juillet de cette année paraît dans *Le moniteur belge* une notice par laquelle « M. Martens (Adémar-Adolphe-Louis), homme de lettres, demeurant à Schaerbeek, [est] autorisé, sauf opposition en temps utile, sur laquelle il sera statué, à substituer à son nom patronymique celui de : "de Ghelderode", après l'expiration du délai d'une année[2]. »

Bien sûr, Martens n'avait pas attendu cet arrêté royal pour signer « de Ghelderode » sa production épistolaire, laquelle perd du même coup cette transparence biographique qu'on tend à lui prêter. C'est à n'en point douter un écrivain qui parle, dont le « vrai » nom ne figure guère qu'au bas d'une requête de substitution adressée au ministre de la Justice, le libéral Paul-Émile Janson. Il commence par y défendre son pseudonyme à noble consonance par le fait que celui-ci est déjà devenu monnaie courante, s'est déjà imposé dans la sphère publique :

> L'équivoque de cette double personnalité m'est souvent préjudiciable sur un plan matériel tant que moral. En effet : en qualité de conférencier, signataire de contrats, auteur touchant ses droits, écrivant des lettres à portée publicitaire, participant à des congrès, ou intervenant comme polémiste sur un terrain parfois international, homme public en quelque sorte, il est, pour moi, d'un intérêt urgent que je n'apparaisse

plus que sous la forme acquise, cristallisation si je puis ainsi dire, de mon activité spirituelle[3]...

Or, les tracas de l'homme de lettres moderne ne sont pas exclusivement juridiques, loin de là. Toute la symbolique rattachée au nom de plume est en jeu, comme Ghelderode ne manquera pas de le rappeler au politicien à la fin de sa lettre, endroit stratégique s'il en est.

> Dois-je enfin chercher le motif du rejet de ma demande de substitution dans l'emploi d'un pseudonyme à particule ? Une préoccupation d'inspiration nobiliaire aurait-elle pu naître à l'âge où j'ai choisi mon pseudonyme ? Cette idée ne m'a jamais effleuré !... [...] Si j'ai abandonné le nom trop répandu de Martens, nom sans nul caractère, partant, c'est parce qu'il me fallait imposer à la foule, dont la psychologie à l'égard des noms, titres et enseignes prête à maints commentaires expérimentaux, une signature caractéristique et d'une consonance facile à perpétuer dans la mémoire — gardant néanmoins un arôme racique[4] !...

Devant l'État omniscient, le citoyen est amené à se dénuder quelque peu, à exposer les motifs qui l'ont conduit à se confectionner un personnage à « arôme racique ». On perçoit ici un aspect de Ghelderode que les contemporains n'ont guère remarqué, tant était solide le masque du dramaturge. Que ses interlocuteurs fussent écrivains, éditeurs ou traducteurs, il se servait d'eux comme d'autant de miroirs, pour multiplier l'image qu'il voulait bien donner de lui-même.

*
*   *

Écrivain moderne conscient de son inféodation aux lois du marché, Michel de Ghelderode prend sa revanche en revendiquant le droit à l'autonomie artistique. Dans ses lettres, il fait ostensiblement fi des questions sociopolitiques, même si elles l'affectent directement : « Tous les manants parlent de crise, et je me bouche les oreilles. Ce n'est pas comique[5]... », écrit-il en 1931 à son meilleur ami. Or, la dissidence affichée cache mal la rhétorique par laquelle l'épistolier semble couvrir les enjeux véritables (institutionnels) du voile de l'indifférence. Tout comme il nie toute prétention nobiliaire dans sa requête à Janson, alors qu'il tient mordicus à sa particule[6], Ghelderode feint de dédaigner les intrigues qui agitent le monde littéraire, et en particulier celui de la capitale, qu'il dit peuplé de « journalistes équivoques, [de] romanciers à rebrousse-poil, [de] gardes-civiques de l'encrier, [de] snobs au cul en tire-bouchon [et d']instituteurs inspirés, tous saliveurs, cracheurs, bègues, borgnes, puants, glaireux, venimeux, cafards [...][7] ». Non content de se mettre sur le dos le milieu littéraire bruxellois (par des invectives qui préfigurent celles que le capitaine Haddock déversera dans *Le crabe aux pinces d'or*), Ghelderode s'en prend à la Belgique tout entière. Rien n'a aussi souverainement déplu à ce royaliste convaincu, faut-il croire, que les célébrations entourant le centenaire de l'Indépendance en 1930. Voici ce qu'il confie, un jour de colère, au poète brugeois Marcel Wyseur :

> Avec dignité, oui, je reste en mes appartements, d'où je ne serais jamais sorti si j'avais pu pressentir de quelle viande étaient faits ce peuple centenaire et les ventriloques qui le dirigent ! Comme pourceau vomissant, je rejette art belge et politique, et jamais je ne retournerai à mon vomissement — Car je deviendrai pourceau ailé dans les solitudes d'azur et si loin que je n'entendrai plus ni la *brabançonne* [l'hymne national belge] ni le *vlaamsche leeuw* [« Le lion flamand », chant nationaliste], ni les hoquets des banquets officiels, ni les accroupissements des journalistes, ni l'immonde rumeur de nos démocraties modernes... Je me bâtirai en les airs une cité à mon rêve où je vivrai avec de poétiques esprits, hors toute durée, et ne toucherai à ma plume que pour des besognes parfaites et nécessitées par le seul désir de mon cœur. Il me suffira d'avoir en les Flandres ignorées et belles seulement par la vertu de ses morts anciens et de ses poètes vivants, d'ultimes amis, voués comme moi à l'exil parmi les vilains et les croquants de cette nation en chaleur [...]. Je ne m'intéresserai plus aux conflits esthético-politiques de ces baladins, pas plus qu'à la culture du navet ou aux amitiés belgo-salvadoriennes... Je ne lirai plus les gazettes, et me contrefouterai [sic] des opinions de Joséphine Baker sur la stabilisation du rouble, encore que cette fille ait le croupion plaisant[8].

Délirante en apparence, cette logorrhée cache en fait un univers idéologique structuré autour de quelques oppositions dichotomiques. L'auteur de la lettre souligne le fossé entre la « dignité » des « appartements » privés (on aura noté le pluriel aristocratique) et la « rumeur immonde » qui monte des rues. À cette antithèse entre le passé valorisé et le présent méprisé s'en superpose une autre, opposant l'ici vécu à l'ailleurs rêvé. La Belgique officielle est régurgitée, écartée au profit de Flandres intemporelles (revoilà le pluriel archaïque), « ignorées » et pourtant « belles ». Au pourceau vomissant sur l'art belge fait écho le pourceau ailé qui s'envole vers les cieux plus cléments du *Pays de Cocagne* (1567) que peignit jadis Breughel l'Ancien.

Car la Flandre contemporaine paraît trop revendicatrice au goût de Ghelderode, qui la dit « ridiculisé[e] par des lunatiques vociférateurs, gugusses en noir et jaune, bonimenteurs au poil vilain, gens de foire, tétaniques et toute racaille sans poésie ni tradition ni orgueil ni grandeur, sentant la crotte et la poudre à punaise[9] ! » Le peuple qui vient de parler aux élections parlementaires de 1929 ne se rachète guère que par ceux qui firent autrefois sa gloire : ses peintres, ses poètes, ses guerriers. « Que reviennent Breydel et Artevelde chasser ces croquants de nos plaines patriales, et restituer aux seuls artistes les villes mortes et les Bruges où flotte encore la Fleur de lys[10]… » Peut-on souhaiter formulation plus ambiguë et en même temps plus révélatrice ? Dans l'imaginaire populaire que se plaît à réactiver Ghelderode, Jan Breydel et Jacob Van Artevelde représentent les villes médiévales de Bruges et de Gand, qui firent toutes les deux l'objet d'un investissement symbolique considérable au XIXe siècle. Selon la relecture romantique des événements proposée par Henri Conscience dans *Le lion des Flandres* (1838), Breydel et de Coninck, deux maîtres des guildes brugeoises, auraient mené la populace vers une victoire éclatante sur la cavalerie française dans la bataille dite des Éperons d'or, en 1302. On voit mal alors pourquoi ils viendraient prêter main-forte, comme le suggère Ghelderode, aux « léliards », aux partisans du roi de France retranchés derrière les murs de leur ville[11]. Leur contemporain Van Artevelde, quant à lui, fit basculer la Flandre dans le camp anglais lors de la guerre de Cent Ans ; il n'est donc guère plus susceptible d'avoir arboré la fleur de lys, d'autant que son pays serait bientôt incorporé au duché de Bourgogne...

Cette courte parenthèse historique est nécessaire pour comprendre à quel point l'épistolier détourne certains arguments doxiques. En parlant des « villes mortes », derrière lesquelles on devine l'intertexte romanesque de Georges Rodenbach (*Bruges-la-morte*) et de Franz Hellens (*En ville morte*), il espère couper court aux nationalistes pour qui les « fransquillons » n'étaient pas des Flamands à part entière. Il ne faut pas oublier qu'entre 1932 et 1935, au moment même où Ghelderode s'épanche auprès de son ami Wyseur, plusieurs lois sont votées qui introduisent dans l'administration, dans l'enseignement, dans l'armée et dans le pouvoir judiciaire le principe de l'unilinguisme territorial : *cujus regione, ejus lingua*. En établissant de la sorte deux grandes communautés symétriques, l'une francophone, l'autre néerlandophone, on marginalisait les minorités de chaque région, puisque les Wallons d'expression flamande (1,2 %) et les Flamands de langue française (4,0 %) recensés en 1930 n'existaient plus pour la loi[12]. Ces derniers surtout, plus instruits et mieux nantis que les ouvriers flamands concentrés dans les bassins industriels de Wallonie, protestèrent vivement contre des mesures qui devaient sonner le glas de leur pouvoir symbolique[13], car la fraction démographique en question fournit d'importants contingents d'écrivains aux « lettres belges de langue française », dont ils représentaient la quintessence à cause du mélange latino-germanique qu'ils étaient censé incarner. Or, au fur et à mesure que s'effrite la psychologie de « l'âme belge » (Edmond Picard) et que la Belgique se scinde en deux, ces mêmes auteurs font figure d'anachronismes, voire d'aberrations juridiques. Petit à petit, la fréquentation obligatoire d'écoles néerlandophones aidant, les Flamands francophones « désert[eront] la littérature en langue française, lui ôtant les puissantes originalités dont ils l'avaient dotée[14] ».

Certains toutefois, déterminés à ne pas se laisser couper le champ littéraire sous la plume, opposeront une résistance tenace au changement. Il en va ainsi de Michel de Ghelderode, un Bruxellois qui s'est fabriqué d'imaginaires attaches au pays natal idéalisé de sa mère. Rien que son pseudonyme contient déjà tout un programme. Alors que

Martens représentait à ses yeux l'identité hybride des Bruxellois — qu'à l'époque un Jules Destrée n'hésitait pas à qualifier de « métis » —, *Ghelderode* sonnait décidément plus pur. Mais loin de provenir d'un fief tenu par d'illustres ancêtres, ce patronyme patricien dériverait de « Ghelrode », toponyme brabançon bien connu de l'auteur. Selon son biographe, le choix du pseudonyme fut la première dans une longue série de tentatives de Ghelderode « pour se construire une légende ; les fables qu'il fit circuler au sujet de ses origines avaient la même fonction[15] ». Cette même tendance à la mystification le conduira d'abord à récuser l'argument juridique le déclarant *persona non grata* en terre flamande, ensuite à s'entourer d'écrivains flamands de marque, tous francophones : Paul Neuhuys, Marie Gevers, Franz Hellens. C'est dire qu'il se façonne, à coups de lettres, une communauté d'interlocuteurs réels à l'image de la communauté imaginée dans la correspondance. Celle-ci en acquiert une portée proprement sociale. En l'occurrence, l'écriture épistolaire permet plus que la création d'un *espace intime* où l'on peut donner libre cours à ses angoisses, à ses hantises et à ses haines privées ; Ghelderode demeure en tout temps le metteur en scène des rapports qui se tissent dans un *espace social* délimité par les échanges épistolaires.

*

* *

À des degrés divers, ses correspondants lui servent de caisse de résonance : l'oreille bienveillante qu'ils lui prêtent importe souvent plus que le contenu de leurs réponses. En témoigne la fermeté avec laquelle Ghelderode garde ses distances, physiques aussi bien que psychologiques, afin de nourrir le côté légendaire de son personnage. Combien de fois ne dit-il pas à Neuhuys qu'Anvers est trop loin, combien de fois ne retarde-t-il pas ses visites brugeoises, préférant remémorer ses rares rencontres avec Wyseur ? Comblant l'attente du destinataire en lui rappelant l'absence de l'expéditeur, la lettre non seulement resserre les liens d'amitié, mais, à défaut de contacts directs, favorise l'éclosion du mythe. Rares sont ceux qui, comme Henri

Vandeputte, osent rappeler à Ghelderode, quand ce dernier leur fait faux bond : « Écrire c'est bien, se voir c'est plussse [*sic*] meilleur[16]. » La plupart des correspondants paraissent contents du rôle subalterne que leur fait jouer le metteur en scène. Dans l'échantillon analysé, l'exemple le plus éloquent d'une telle attitude est sans contredit celui de Marcel Wyseur, un poète jadis prometteur — Verhaeren avait signé la préface de son premier recueil —, mais dont le capital symbolique fond à vue d'œil. Au fil des ans, notre épistolier lui fera successivement miroiter une monographie, un numéro de revue et une décoration, projets qui avorteront tous sans que Wyseur, pourtant de douze ans son aîné, en prenne ombrage. Avec cet homme d'une autre époque, Ghelderode échange plusieurs fois par semaine des missives dont se dégage un consensus réactionnaire, basé sur le ressentiment et sur un curieux complexe de supériorité :

> Nous allons vers un temps de crétinisme total. [...] Fanatisme nouveau... Intolérance... Bêtise... Règne du grotesque... Où es-tu, vieille Flandre des poètes et des communiers ?... Hélas !... Moi aussi j'ai cru ces dernières années à une renaissance artistique des Flandres... j'ai fait bien des concessions même !... Foutaises et contrefoutaises !... Marcellus, soyons fiers et méprisants. Mais prends garde... Nous serons les premiers trahis !... [...] Et dire que les vrais Flamands, les anciens, les derniers, c'est nous ; ce n'est que nous... le vieux génie perpétué, la vieille grandeur, la bonne vieille race[17]...

Le ton est celui de la nostalgie, mais d'une nostalgie souvent teintée d'utopie : « nous perpétuons (et cela ne regarde que nous) », écrit Ghelderode en 1932, « le beau mensonge d'une Flandre [...] spectrale, irréelle[18] ». Or, fondant sa cité utopique sur un geste d'exclusion (« les vrais Flamands, les anciens, les derniers »), il s'identifie surtout à ceux qui ont chanté la Flandre en français : « Non seulement les cendres de Claes, mais celles de tous nobles ancêtres battent sur mon cœur : Marnix [de Sainte-Aldegonde], Ogier, De Coster, Lemonnier, Verhaeren, Eekhoud — dont j'espère bien continuer la lignée[19]. » S'il fallait l'en croire, l'épistolier ferait partie d'une *catégorie* « hors toute durée[20] », non d'une *série* contextuelle et contingente. Ainsi, dans l'allusion à l'incinération de Claes, on reconnaît le leitmotiv de *La légende d'Ulenspiegel* (1867), livre qui quittait rarement le chevet de Ghelderode. Le truculent roman de Charles De Coster s'avère en effet une clef de lecture pour la vaste correspondance ghelerodienne, laquelle en calquera jusqu'au style[21]. Tandis que des touches archaïsantes soigneusement apportées servent à dépayser le lecteur (telles l'élision de l'article, le choix de « en » pour « dans », la multiplication des suffixes précieux, l'inversion du verbe et du sujet, la prédilection pour les graphies en « y » et en « cqu »), l'emploi d'un nombre restreint de lexèmes flamands relatifs aux plaisirs de la table et de l'alcôve crée une illusion référentielle propre à ancrer le discours. Par l'emploi de cette recette littéraire éprouvée, connue et reconnue dans les seuls milieux littéraires belges, Ghelderode admet cependant qu'il produit pour d'autres producteurs, qu'il fonctionne à l'intérieur de ce que la sociologie moderne appellerait un « champ de production restreinte » (Bourdieu). L'apparente autarcie de ce champ, constamment revendiquée par les principaux intéressés, a pu faire croire à maint écrivain que la littérature était bel et bien un objet esthétique détaché des enjeux sociaux. Comme ce détachement théorique, qui n'a pas son pareil dans la praxis, constitue le point de départ (mais aussi le *proton pseudos*, le mensonge premier) de notre modernité, il ne faut pas s'étonner de voir Ghelderode se défiler autant que se profiler dans une correspondance entièrement vouée à l'érection d'un monument : le sien.

À la lecture du corpus ghelerodien, on se rend vite compte que l'exercice épistolaire rapporte indirectement : non en espèces sonnantes, mais en dividendes symboliques. Quand le directeur de *La Nervie* propose de lui consacrer un numéro spécial, l'auteur d'habitude si farouche, si détaché du siècle, mord à l'hameçon :

> Je me suis mis à l'ouvrage tout aussitôt. N'écrivez à personne ; je m'en charge. Le numéro vous arrivera complètement établi, avec extraits et documents photographiques. Je ferai de mon mieux. [...]
> Merci de tout cœur[22] !...

Et, de fait, Ghelderode mettra à contribution, outre ses amis Neuhuys, Wyseur et Vandeputte, certains contacts noués jadis dans le « bas monde [des] lettres bruxellois[23] », voire des gens qu'il connaît à peine (Robert Guiette, Franz Hellens, James Ensor), mais qu'il tient à associer à son éloge. C'est ici que son rôle de metteur en scène de la correspondance apparaît avec le plus de netteté. Dans une lettre à Paul Werrie, après avoir disqualifié ce « [s]imple accident littéraire », ce « vulgaire numéro commémoratif en forme de bouquet de fleurs (ou de couronne mortuaire) », Ghelderode fait appel à sa complicité pour en faire, à l'insu de *La Nervie*, « une page d'histoire littéraire de notre temps », « un document capital, qui trouvera sa valeur dans l'avenir[24] ». Le narcissisme de toute l'opération est habilement déguisé en un appel à la solidarité corporatiste : entre écrivains, l'on se comprend et l'on s'entraide. Pourtant, le principal bénéficiaire de cette levée de fonds épistolaire est Michel de Ghelderode lui-même ! À l'occasion de ce numéro spécial (dont la fabrication l'occupera pendant un an et demi !), il confirme et étend son réseau avec une lucidité qui témoigne d'une parfaite connaissance des rouages de la machine institutionnelle.

*

* *

Un examen plus poussé de la correspondance ghelderodienne compléterait et nuancerait le tableau qui vient d'être esquissé à grands traits, mais dont se dégagent d'ores et déjà deux hypothèses que nous voudrions brièvement présenter en conclusion. Elles concernent les deux versants de l'écriture épistolaire, qu'on peut considérer à la fois comme un geste et comme un commentaire sociaux.

De ce dernier point de vue, l'attitude de Michel de Ghelderode est moins idiosyncratique qu'il n'y paraît (et, peut-être, qu'il ne le croyait lui-même), mais participe d'une migration discursive plus large, dont les retombées littéraires n'ont guère encore été étudiées en Belgique francophone. En effet, malgré le *contemptus mundi* qu'il affiche si volontiers, Ghelderode tient un discours épistolaire dont il ne serait pas difficile de montrer la perméabilité aux thématiques qui font boule de neige dans les années trente, quand la haine flaubertienne du « muflisme » rencontre le rejet de la société moderne pour résulter en une attitude réactionnaire à l'égard du progrès. Dans plus d'un pays européen, l'on prônera à grand renfort d'images « moyenâgeuses » (au sens de faussement médiévales) un utopique retour aux sources raciales et territoriales, ces deux éléments étant plus que jamais amalgamés dans l'ordre nouveau qui se profile à l'horizon. À la faveur des mouvements fascistoïdes qui se multiplient depuis le traité de Versailles, l'ancien revient à la mode et le passé est projeté sur l'avenir. Ghelderode fait-il autre chose lorsqu'il s'enfonce dans une Flandre mythique qui, datant des jours de Charles Quint, dépasse en prestige la Belgique apparue au XIXᵉ siècle bourgeois ?

Ce commentaire sur un état de société se double d'une intervention directe sur le terrain miné des lettres belges. Si, dans le contexte épistolaire, la situation du « pauvre petit écrivain belge[25] » peut servir de repoussoir à une vision romantique de la création solitaire, c'est qu'elle fait effectivement problème. Selon Michel Biron, les contemporains de Ghelderode sont devant deux apories. La première, d'ordre esthétique, pourrait être formulée comme suit : « la littérature veut être à la fois à l'intérieur et à l'extérieur de la société à laquelle elle appartient, se réclamant tour à tour du dehors et du dedans social[26] ». À cela s'ajoute cependant une contrainte institutionnelle : l'auteur belge a en effet l'impression de se trouver « dans l'impossibilité de lier cette esthétique à une quelconque spécificité nationale[27] ». Alors que ses confrères du XIXᵉ siècle se ralliaient volontiers autour du mot de Camille Lemonnier — « être nous-mêmes, ou périr » —, l'homme de lettres moderne fait son deuil de l'autonomie nationale, et cela au moment même où celle-ci se voit officiellement consacrée par la toute nouvelle Académie royale de langue et littérature françaises.

À cause de l'empire culturel qu'exerce le pôle parisien, la négation du cadre belge mènera *ipso facto* à l'affirmation de la « France littéraire » comme mère patrie linguistique. Cette doxa « lutétiotropique » trouve sa meilleure expression dans le célèbre *Manifeste* (1937) du Groupe du lundi, dont les vingt et un signataires se disent convaincus que « la communauté de la langue crée entre notre littérature française et celle des Français un rapport de ressemblance bien plus important que les dissemblances nées de la géographie physique et politique ». À leur avis, « le caractère éminemment universel et attractif de la culture française [a] réduit au minimum, entre les littératures des deux pays, les nuances de la sensibilité[28] ». À une époque de dépression qui voulut voir une panacée dans le protectionnisme (« Achetons belge[29] ! »), un tel appel à l'ouverture des frontières avait d'évidentes connotations socio-économiques, voire contenait une critique implicite de la politique culturelle menée en Belgique. Le raisonnement lundiste se laisse en effet traduire en termes économiques : puisque « la littérature française constitue un marché, où les lois de l'offre et de la demande créent un équilibre producteur de qualité[, t]oute forme de protectionnisme [...] provoquera inévitablement la baisse de la qualité[30] ». Les premières victimes d'une éventuelle fermeture des marchés seraient les Flamands d'expression française, dont la survie dépend de la libre circulation des biens sur les marchés extérieurs à la Flandre, désormais recroquevillée sur elle-même. Aussi n'est-il pas étonnant qu'ils forment la majorité des signataires du *Manifeste*, car il est une tendance, chez les francophones de Flandre plus encore que chez leurs compatriotes de Wallonie ou de Bruxelles, à considérer le lieu de naissance comme un accident géographique. Telle est la position du Gantois Franz Hellens (l'un des principaux instigateurs du Groupe du lundi), lequel écrivait sans sourciller : « Dans la géographie littéraire, la Belgique forme une province au même titre que les autres provinces françaises[31]. »

Michel de Ghelderode se méfiait de Paris et d'Hellens. Dans une lettre à l'Anversois Paul Neuhuys datée du 17 mars 1932, il ne mâche pas ses mots à son endroit, le traitant de « plat vassal des Français, raté de premier ordre, remarquable camoufleur et dont les effroyables grimaces d'aliéné sont sans effet sur moi[32] ». Si l'énonciateur de cette invective a apposé sa signature au bas du *Manifeste*, c'est qu'il s'est découvert avec les lundistes — dont certains (Marie Gevers, Henri Vandeputte) font déjà partie du cercle de ses correspondants — des solidarités institutionnelles autres que le « rattachisme ». Chez ce Flamand d'adoption, la résistance aux changements décrits plus haut se traduit moins par un décentrement spatial — vers Paris — que, nous l'avons vu, par un déplacement dans le temps — vers le (men)songe, fabriqué au fil des lettres, de la Flandre éternelle.

Notes

1. Roland Beyen, « Introduction », *Correspondance de Michel de Ghelderode. Tome I : 1919-1927*, édition établie, présentée et annotée par Roland Beyen, Bruxelles, Labor, coll. « Archives du futur », 1991, 511 p., p. 15. Deux autres tomes ont paru depuis, l'un consacré à la période 1928-1931 (1992, 610 p.), l'autre aux années 1932-1935 (1994, 587 p.).

2. *Correspondance de Michel de Ghelderode. Tome II : 1928-1931*, Bruxelles, Labor, coll. « Archives du futur », 1992, p. 445 n. 2. Roland Beyen raconte comment la nouvelle fut reçue par le principal intéressé, qui commença aussitôt le compte à rebours en prévision du Jour J.

3. Lettre du 24 mai 1929 à Paul-Émile Janson, *ibid.*, p. 148-149.

4. *Ibid.*, p. 149.

5. Lettre du 13 décembre 1931 à Marcel Wyseur, *ibid.*, p. 385.

6. Voici un exemple parmi cent, pris dans une lettre du 12 décembre 1929 à Wyseur : « j'écrirai, moi Michel de Ghelderode, que notre majesté le Roi ne tardera pas à anoblir comme il se doit, j'écrirai, dis-je, la grande œuvre de ma vie : *Les sept péchés de la Flandre et du Monde…* » (*ibid.*, p. 195). Plus révélateur encore est l'échange à propos des armes (de la famille Martens de Bassevelde, dont Ghelderode serait issu) qui devaient figurer sur la chevalière que Wyseur voulait offrir à son ami. Sur ces généalogies fantaisistes, on lira avec profit Roland Beyen, *Michel de Ghelderode ou la hantise du masque. Essai de biographie critique*, Bruxelles, Académie royale de langue et littérature françaises, 1971, 538 p., p. 55-63.

7. Lettre du 15 février 1930 à M. Wyseur, *Correspondance II*, p. 226.

8. Lettre du 22 mai 1930 à M. Wyseur, *ibid.*, p. 249-250. Dans la première lettre (datée du 24 février 1934) qu'il envoie à Wyseur après l'accident mortel du roi Albert Ier à Marche-les-Dames, Ghelderode fait étalage de ses sympathies dynastiques : « J'aime les rois (c'est

atavique) et leur suis fidèle jusqu'à la besace. Le feu Sire était un bien rassurant soliveau dans notre mare, et je ne suis pas de ces vaines grenouilles qui réclament autre chose » (*Correspondance de Michel de Ghelderode. Tome III : 1932-1935*, Bruxelles, Labor, coll. « Archives du futur », 1994, p. 238). Le clin d'œil à La Fontaine cache mal l'appel à l'homme fort, au leader capable de fasciner et d'amadouer les foules.

9 . Lettre du 18 décembre 1929 à M. Wyseur, *Correspondance II*, p. 199.

10 . *Ibid.*

11 . Dans une lettre du 14 mai 1934 au même Wyseur, Ghelderode évoquera ces événements dans des termes si possible encore plus délirants : « Et bonne surprise d'apprendre que tu chatouilles la penne et l'écritoire pour esprire une chronique sur la vaillance des Kerels de l'an 1302… Schilder [*sic*] en vriend ?!… Lion bouffant de la fleur de lys en salade… noble ville, noble race, beau sang, grande histoire !… Tu me feras lire ces lignes, mon fils, toi qui es de Comynes comme l'autre, et chasse donc de race… » (*Correspondance III*, p. 253).

12 . Voir le tableau présenté par Kenneth D. McRae, *Conflict and Compromise in Multilingual Societies : Belgium*, Waterloo (Ont.), Wilfrid Laurier University Press, 1986, xiii/387 p., p. 40.

13 . Selon la vulgate historiographique, les politiciens wallons abandonnèrent les francophones de Flandre quand ils comprirent que leur reconnaissance entraînerait une acceptation officielle du néerlandais dans leur région : voir *ibid.*, p. 28-30 ; William Mackey, *Bilinguisme et contact des langues*, Paris, Klincksieck, coll. « Initiation à la linguistique. Série B : problèmes et méthodes », nº 5, 1976, 534 p., p. 77 ; Els Witte et Jan Craeybeckx, *La Belgique politique de 1830 à nos jours. Les tensions d'une démocratie bourgeoise*, traduction de Serge Govaert, Bruxelles, Labor, coll. « Archives du futur/Histoire », 1987 (édition revue et augmentée), xiv/639 p., p. 195-197. Ce discours parfois triomphaliste doit cependant être nuancé : la minorité francophone n'avait pas dit son dernier mot, comme vient de le montrer Selma K. Sonntag, « The Politics of Compromise : the Enactment of Regional Unilingualism [in Belgium] », *International Journal of the Sociology of Language*, 104, 1993, p. 9-30.

14 . Jean-Marie Klinkenberg, « Le problème de la langue d'écriture dans la littérature francophone de Belgique de Verhaeren à Verheggen »,

dans Árpád Vigh (édit.), *L'identité culturelle dans les littératures de langue française. Actes du colloque de Pécs 24-28 avril 1989*, Pécs-Paris, Presses de l'Université de Pécs-Agence de coopération culturelle et technique, 1989, viii/355 p., p. 65-79, p. 74. Au sujet des auteurs qui ont choisi la voie du bilinguisme de création, on pourra lire notre article « L'écrivain flamand et ses langues. Note sur la diglossie des périphéries », *Revue de l'Institut de sociologie*, 62, 1991, p. 115-128.

15. Roland Beyen, *Ghelderode ou la hantise du masque, op. cit.*, p. 66. Plus tard, Ghelderode opposera bien sûr le plus formel des démentis à cette lecture : « Si j'ai une légende, je n'y suis pour rien ! On me l'a faite. Je n'y ai pas contribué, mais je ne m'abaisserai pas à la démentir. La chose me laisse indifférente. Le monde a besoin de fables ! » (Michel de Ghelderode, *Les entretiens d'Ostende*, recueillis par Roger Iglésis et Alain Trutat, Paris, L'Arche, 1956, 206 p., p. 8).

16. Lettre du 3 août 1934 d'Henri Vandeputte à Ghelderode, *Correspondance III*, p. 268.

17. Lettre du 9 février 1931 à M. Wyseur, *Correspondance II*, p. 293.

18. Lettre du 17 avril 1932 à M. Wyseur, *Correspondance III*, p. 71. Voici quelques missives où résonne l'*ubi sunt* des complaintes anciennes : « J'ai par contre été au médiocre et super-belge banquet du XIe anniversaire de la Renaissance [d'Occident]. Ces gens ne sont ni jeunes, ni gais, ni malins... ni même banqueteurs !... Où sont les ripailles flamandes de nos aînés !... Triste temps que le nôtre... Joyeuse démocratie !... La race fout le camp !... » (au même, le 1er novembre 1929, *Correspondance II*, p. 178) ; « Où étaient les liesses d'antan, breugheliennes, ou simplement à la façon brugeoise telle que nous les pratiquons. Que n'étais-je en ton steen, ou par les ruelles de ta bonne ville, ou encore avec toi chez quelque gouge de haute futaie. Ou que lisions-nous poëmes en buvant l'hydromel et fumant tes exquis cigares de diplomates... En cette nuit, où je dédaignai me saouler, j'affirmai une fois de plus mon dégoût de la vie moderne, de la démocratie et de la société ! » (au même, le 6 janvier 1930, *ibid.*, p. 206). Le 2 juin 1932, Wyseur citera carrément Villon : « Mais, las, où sont-elles les neiges d'antan ? » (*Correspondance III*, p. 81).

19. Lettre du 17 septembre 1932 à M. Wyseur, *ibid.*, p. 102.

20. Lettre du 22 mai 1930 à M. Wyseur, *Correspondance II*, p. 249.

21. Voir Jean-Marie Klinkenberg, *Style et archaïsme dans* La légende

d'Ulenspiegel *de Charles De Coster*, Bruxelles, Académie royale de langue et littérature françaises, 1973, 2 volumes, qui insiste à bon escient sur l'insuffisance du modèle rabelaisien pour rendre compte du phénomène Ulenspiegel.

22. Lettre du 11 décembre 1931 à Émile Lecomte, *Correspondance II*, p. 381.

23. Lettre du 15 février 1930 à M. Wyseur, *ibid.*, p. 226.

24. Lettre du 13 décembre 1931 à Paul Werrie, *ibid.*, p. 384. On trouvera davantage de renseignements chez Roland Beyen, « Ghelderode épistolier », dans Raymond Trousson (édit.), *Michel de Ghelderode dramaturge et conteur. Actes du colloque de Bruxelles (22-23 octobre 1982)*, Bruxelles, Éditions de l'université de Bruxelles, coll. « Faculté de philosophie et lettres », n° 88, 1983, 180 p., p. 153-180.

25. Ghelderode l'évoque dans sa lettre à Wyseur du 3 mars 1932 : « Ah ! quel pauvre petit écrivain belge je serais si je n'avais pour vision coutumière cette vieille Flandre notre patrie dont l'air me manque et qui contient mes derniers amis loyaux. Car je suis l'habitant d'une tour d'ivoire, avec bouches à feu et pièges à loups, mais à l'intérieur comme une caverne d'Ali-baba, avec ménagerie, dioramas et bouquinerie philosophique » (*Correspondance III*, p. 50).

26. Michel Biron, *La modernité belge. Littérature et société*, Montréal et Bruxelles, Presses de l'Université de Montréal et Labor, coll. « Archives du futur », 1994, 425 p., p. 193.

27. *Ibid.*, p. 193-194.

28. Groupe du lundi, *Manifeste*, Bruxelles, Van Doorslaer, 1er mars 1937, 6 p., p. 2-3.

29. Slogan cité par Els Witte et Jan Craeybeckx, *op. cit.*, p. 216.

30. Jean-Marie Klinkenberg, « Lectures du *Manifeste du Groupe du lundi* (1937) », dans Raymond Trousson et Léon Somville (édit.), *Lettres de Belgique. En hommage à Robert Frickx*, Cologne, Janus, coll. « Kölner Schriften zur Romanischen Kultur », n° 18, 1992, 237 p., p. 98-124, p. 105-106. Le texte du *Manifeste* se lit comme suit : « Le danger des campagnes en faveur du livre belge et des écrivains belges, campagnes qui partaient à coup sûr d'un louable sentiment, a été de mettre l'accent sur le mot "belge" dans l'expression "écrivains belges", alors qu'il aurait dû être mis sur le mot "écrivain" » (*op. cit.*, p. 4).

31 . Franz Hellens, « Introduction » à Raymond Bindelle (édit.), *État présent des lettres françaises de Belgique*, Dison, À l'enseigne du plomb qui fond, coll. « Panorama des lettres », 1949, tome 1, p. 11-15, p. 11.

32 . *Correspondance III*, p. 56. Neuhuys répond le 7 avril : « Ce que tu dis de Franz Hellens est vrai jusqu'à un certain point. Je n'ai jamais aimé sa "politique" littéraire. Belgique province littéraire de la France : Merde ! Ton orgueil et mon humilité s'insurgent également là-contre ! Car nous savons trop où mène pratiquement ce fransquillonnisme stérile » (*ibid.*, p. 67). Sur la participation de Ghelderode aux réunions du Groupe du lundi, voir Roland Beyen, *Ghelderode ou la hantise du masque, op. cit.*, p. 270-273.

Rédiger, échanger, publier :
de la NRF et des lettres

Michel Lacroix

Juin 1933. Jean Paulhan, alors rédacteur en chef de *La nouvelle revue française*[1], a recruté depuis peu un nouveau collaborateur pour la revue en la personne de Charles-Albert Cingria, écrivain suisse lié entre autres à Charles-Ferdinand Ramuz et à Paul Claudel. Le premier texte de Cingria dans la NRF, une note sur *La vie des crapauds* de Jean Rostand, paraît dans le numéro courant. Pour le numéro suivant, on lui a confié la tâche de rendre compte des plus récents ouvrages d'André Suarès et de Trotski. La note sur Suarès ne satisfera ni l'auteur en question, qui n'y trouve « quasi rien[2] », ni le rédacteur en chef [3], mais elle sera publiée quand même tel que prévu dans le numéro de juillet. Rien dans les correspondances de Paulhan avec Suarès ou Cingria ne permet de penser qu'elle fut modifiée avant la parution. Nul débat ne naquit de ce texte.

La note sur Trotski, elle, fut moins appréciée encore, provoquant les foudres de deux des pères fondateurs de la NRF, les deux seuls d'ailleurs s'occupant encore un tant soit peu de la revue : André Gide et Jean Schlumberger [4]. Germera alors à la NRF un petit conflit interne, que j'appellerai l'« Affaire Trotski-Cingria », et dont les lettres seront à la fois le véhicule et le lieu de résolution. Révélateur des tensions inhérentes à cette délicate entreprise qu'est la rédaction d'une revue, le débat épistolaire autour de ce texte éclaire les dessous du problématique passage de la signature unique et individuelle au tableau collectif du sommaire de revue. Le titre de revue est un phare autour duquel s'assemble une communauté d'écrivains aux liens plus ou moins lâches, réunie par un « désir d'expression collective » selon les mots de Jacqueline Plouet-Despatin[5] ; c'est un nom de ralliement. Dans l'histoire quotidienne de la littérature, la revue est une structure de sociabilité vécue comme chantier textuel ; elle est véritablement constituée comme le lieu d'une « littérature qui se fait », pour emprunter l'expression de Gilles Marcotte, et qui se fait en s'écrivant au pluriel, alors que la lettre, elle, interpose toujours le duo épistolaire entre le *je* de l'écrivain et le *nous* du groupe.

L'un des modes par lequel se maintient le devenir perpétuel du texte collectif, le mode majeur même selon Jacques Bersani, pour lequel « un directeur de revue [...] c'est quelqu'un qui correspond[6] », est celui de l'épistolaire. Dans la perspective qui est mienne, examiner la dimension épistolaire des relations intersubjectives nouées au sein des microsociétés plus ou moins informelles aide à comprendre le rôle de la lettre dans le social, ses fonctions sociodiscursives ; c'est la voie d'étude que j'ai tenté de désigner dans mon mémoire de maîtrise sous le terme de « sociabilité épistolaire[7] ». En d'autres mots, il s'agit d'analyser la « sociabilité » de la lettre — qui est son rôle au sein de l'interdiscursivité sociale, ce qu'elle fait en tant qu'interaction discursive dans la société — plutôt que sa « socialité » — qui est l'inscription du social dans la lettre, ce qu'elle dit et fait, textuellement, du social.

Ce que je me propose ici de faire est d'étudier du point de vue de la sociabilité le rôle joué par la lettre au sein de la revue et, plus précisément, d'examiner son apport au processus menant du texte reçu par la rédaction au texte publié dans la revue. J'essaierai alors, par l'étude de l'« Affaire Trotski-Cingria », de voir comment le faire de la lettre de revue détermine le dire de la revue. Ce sera là le premier temps de mon travail. Puis j'examinerai comment se développe à partir des négociations rédactionnelles une remise en question des liens constitutifs du *nous* de la revue, ce qui m'amènera à me pencher sur le triangle construit par les rapports du dire de la revue avec le dire et le faire de la lettre. J'espère démontrer, en suivant le fil qui relie l'« Affaire Trotski-Cingria » à la polémique contemporaine autour de Gide, du communisme et de la question sociale en art, ce qui fait l'originalité de Jean Paulhan en tant que maître d'œuvre d'une revue. Telle sera la matière de la seconde partie de mon travail. Mais d'abord revenons au mois de juin 1933 et au conflit naissant entre Gide, Schlumberger et Cingria.

Pour l'étude des transformations de la note de Cingria sur Trotski, on aurait pu chercher à identifier et à distinguer tous les états, toutes les étapes du texte, pour demander par la suite aux lettres des protagonistes de l'« Affaire » quel fut leur apport respectif à chacun de ces changements[8]. Hélas, trop peu des lettres ont été publiées pour que cette voie conduise vers autre chose que des résultats provisoires et partiels. Je m'emploierai tout de même à indiquer çà et là quelles ont pu être les modifications apportées à la note, mais je subordonnerai cette recherche à l'analyse des rapports de force établis, modifiés ou reconduits entre les acteurs de l'« Affaire », ainsi qu'à la conséquence de cette configuration sur la rédaction de la note. Une interrogation est sous-jacente aux rapports de cette microsociété temporairement unie par un texte, par des échanges de commentaires et de faveurs à propos de ce texte : peut-on rédiger ensemble ? Voilà le nœud de l'« Affaire Trotski-Cingria » ; l'appartenance de Charles-Albert Cingria à l'équipe des critiques et, partant, à la NRF en tant que telle est mise en question.

Tout commence par l'envoi des « bonnes feuilles » du numéro de juillet, dont le groupe des destinataires dessine la figure d'un informel comité de rédaction. De ceux-là, seules les réactions de Gide et de Schlumberger semblent avoir laissé des traces en ce qui concerne la note encore inédite. C'est dire que les autres membres de ce groupe n'y ont rien trouvé à redire ou si peu que cela n'est guère décelable dans les correspondances connues ; à Cingria lui-même ne parvient — transmis, dit-il, par Claudel — que l'écho de « l'inimitié de Gide et [...] de Schlumberger[9] ».

Les lettres de Schlumberger et de Gide à Paulhan sont toujours inédites, mais l'une d'elles, et précisément parce qu'elle avait trait à l'« Affaire Trotski-Cingria », a été publiée dans la NRF d'avril 1935, au sein des « Pages de Journal » de Gide. Je laisse de côté les problèmes soulevés par la fusion des genres épistolaire et diaristique et par la publication en revue d'une lettre désormais sans autre destinataire qu'un impersonnel « Cher ami » alors qu'elle était adressée à l'origine au rédacteur en chef de la revue, pour me concentrer sur le texte même de cette lettre.

Gide y refuse net, et de tout son poids, le contreseing NRF à la note de Cingria, s'en déclarant même « consterné », pour préciser aussitôt : « consterné, comprenez-moi : qu'elle paraisse dans la NRF[10] ». D'ailleurs, cette note, Gide se demande si elle est involontairement bouffonne — « M. C. est-il conscient de son comique ? » — ou si elle est ironique — « mais alors, il fallait le marquer ». Il ouvre ce faisant une porte par laquelle Paulhan va s'engouffrer, car il ajoute en contrepartie de son opposition à la note le souhait qu'elle fût différente, plus clairement ironique, qu'on y eût, ce faisant, signalé clairement : *pour nous, C. (et nous, NRF), qui refusons de nous placer à un autre point de vue qu'artistique, la question sociale ne saurait nous intéresser, n'existe pas.*

Pour Gide, l'équation est simple : la position exprimée dans la note quant aux rapports entre l'art et la politique doit nécessairement être interprétée comme étant celle, par métonymie, de la revue en entier. Lui-même étant vu à l'époque comme l'âme directrice de la NRF[11], sa conclusion, qu'il souligne avec pathos, est qu'on fera de cette pensée *sa* pensée : « Je frémis en pensant qu'il y a des gens qui vont lire ça sérieusement et vous (et nous) faire endosser cette peau d'âne ! » La liaison du *vous* au *nous* est claire, l'engagement souligné par le terme *endosser* : l'idée que Gide se fait du « rédiger ensemble », du *nous* de la NRF, relève de celle du front commun, du credo partagé.

C'est en vertu de cette interprétation que la lettre de Gide à Paulhan remet en question ce que j'appellerai faute de mieux le leadership rédactionnel de Jean Paulhan, et ce doublement. D'abord quant à la sélection de la note sur Trotski, ensuite quant à la position générale de la NRF à l'égard de la « question sociale ». Par ce second aspect de sa lettre, Gide replace l'« Affaire Trotski-Cingria » dans le cadre d'une polémique qui fait alors rage sur les liens entre l'art et la politique, polémique dont il est le centre et où il a entraîné la NRF avec la publication, dans les numéros de juillet jusqu'à octobre 1932, de ses réflexions sur la question sociale et avec la révélation de ses sympathies communistes. La demande de Gide à Paulhan, celle sur laquelle il termine sa lettre, pourrait se traduire ainsi : me suivez-vous, à la NRF, dans mon évolution vers plus de compréhension du social ? Jusqu'à quel point ? N'allez-vous pas enfin l'indiquer clairement dans la revue ? Ces propos sont en prise directe sur une topique très conflictuelle des discours contemporains, mais ils ne sont plus directement liés à un texte précis, ils ne marquent pas un temps bien circonscrit du parcours menant à la publication de la note de Cingria. En d'autres mots, cette lettre n'a plus qu'un lointain rapport avec la critique textuelle et relève bien davantage d'un état du discours social. Si Gide ne se réfère pas, à ce niveau-là, à un texte précis, il en demande toutefois un à Paulhan, sur le thème imposé de « La NRF et la question sociale ».

Paulhan ne l'écrira pas tout de suite ce texte, revenant plutôt sur la remise en question la plus directe de son travail de rédacteur, celle de son choix de la note de Cingria : l'incrédule « L'avez-vous lu ? » de Gide avait semé un doute sur la rigueur du contrôle éditorial de Paulhan. Celui-ci ne s'en offusque cependant pas, du moins ne le fait aucunement sentir, préférant prendre calmement la défense de Cingria en tirant profit des remarques de Gide sur la signification incertaine de la note afin d'indiquer quelle est la lecture que lui, Paulhan, en fait. Telle est la manière Paulhan de réaffirmer son statut de rédacteur en chef, la justesse de ses choix.

Sa réponse à Gide, datée du 27 juin 1933, reprend presque mot pour mot, du moins pour la partie qui a trait à Cingria, les termes d'une lettre à Schlumberger écrite deux jours auparavant. L'argumentation est double, basée d'un côté sur un commentaire personnel et louangeur quoique construit sur le mode interrogatif, commentaire prenant pour Gide la forme suivante : « N'a-t-il pas [Cingria], dans le ton, cette gentillesse […] qui consiste à rendre légèrement caricaturales, ou presque ridicules, à la fois soi-même et les idées que l'on défend ? (Et le critique ne parvient-il pas ainsi à donner un grand relief à l'auteur qu'il semble condamner ?)[12] » ; de l'autre, Paulhan dévoile les appuis rencontrés ailleurs par Cingria. Il indique ainsi à Gide que Paul Claudel, Gaston Gallimard, Ramuz et Max Jacob éprouvent de l'enthousiasme pour lui, noms auxquels il avait ajouté, dans sa lettre à Schlumberger, ceux de Jean Wahl, d'André Rolland de Renéville, d'André Suarès et de Denis de Rougemont. Paulhan glisse de son sentiment personnel aux opinions de différents collaborateurs de la revue, qu'il unit en un groupe compact de noms pesant lourd dans la sphère littéraire du moment.

Ce changement de point de vue évite à Paulhan d'avoir à statuer sur la relation entre la NRF et Cingria, et lui permet de signifier à son destinataire : certes, vous êtes mécontent de Cingria, ce qui n'est pas rien, seulement il vous faut savoir que Claudel, Ramuz et Gaston Gallimard, parmi d'autres, s'enthousiasment pour lui. Paulhan tire profit pour ce faire de la position épistolaire de rédacteur en chef de la revue, lequel est défini d'office comme le répondant des textes publiés dans la revue, ce qui en fait le destinataire des réactions de tout un chacun. Par ailleurs, la correspondance de Paulhan est émaillée de demandes d'avis de réception commentés, comme c'est le cas pour une lettre à Jean Grenier où, sans doute à la recherche d'un autre nom à opposer à ceux de Gide et Schlumberger, il écrit : « Je suis bien content d'avoir tes notes. (J'aime aussi beaucoup celles de Cingria, que Gide et les autres trouvent en général idiotes. Que penses-tu de celles de juillet, par exemple ? Dis-le moi)[13] . »

Implicite dans l'énumération des noms de quelques pro-Cingria, mais explicite dans la citation rapportée suivante : « Enfin […] une note de la NRF qui me donne envie de lire le livre[14] ! », la situation de Paulhan au carrefour du très sélect cercle épistolaire du « comité de rédaction » et du tentaculaire réseau de collaborateurs et de lecteurs lui permet d'opposer la NRF telle que voulue par ceux-là à la NRF telle que lue par ceux-ci. Il serait fort intéressant d'analyser l'usage qu'a pu faire Paulhan, dans l'élaboration des numéros de la NRF, du pan de sa correspondance qui est constitué comme un vaste texte collectif de réception, mais cela serait une tâche gigantesque. Je me contenterai ici de souligner que Paulhan, dans le traitement de ces énoncés de réception, a généralement tendance à les classer en fonction des groupes et des mouvements littéraires contemporains. Ainsi, dans une lettre à Jean-Richard Bloch, dont la NRF avait entrepris la publication en tranches du roman intitulé *Sybilla*, Paulhan indique que les gens du « Groupe *Europe* » sont « enthousiastes dans la proportion de neuf sur dix ; un sur dix se réserv[ant] (sens du roman pas clair) », alors que chez ceux du « Groupe *NRF* » il y a d'« enthousiastes : quatre sur dix ; [de] froid : un sur dix ; [d']horrifiés : cinq sur dix », et ainsi de suite pour ceux du « Groupe Thérive (prolétariens) », du « Groupe *Divan* (puristes) » et pour les « Indépendants et sauvages[15] ». Notons que la circulation des énoncés de réception cadre avec la manière épistolaire de faire du neuf avec du vieux, c'est-à-dire de relayer à titre de destinateur des propos qui nous ont été confiés en tant que destinataire.

Ayant révélé à Gide l'importance du réseau pro-Cingria, Paulhan peut d'autant plus persister dans son choix d'inclure la note sur Trotski dans le numéro de juillet qu'il accorde au père fondateur un droit de veto sur toute collaboration future de Cingria et qu'il prend soin d'indiquer que les remarques du « cher maître et ami[16] » ne sont pas tombées dans l'oreille d'un sourd : « Dites-moi si vous estimez que vraiment nous ne devons plus rien demander à Cingria (Mais, je vous en prie, relisez d'abord la note, fortement remaniée et raccourcie, dans la NRF du 1er juillet.) . » Cette lettre marque la fin du processus de rédaction de la note ; Paulhan a fait ses choix, le texte définitif est composé, le bon à tirer signé. Arrêtons-nous un moment pour jeter un regard sur le parcours ayant mené du texte original au texte publié dans la revue.

Du point de vue de Paulhan, ce trajet aura été accompli sous le signe de la réaction : c'est en effet en tenant compte de celles de Gide et de Schlumberger à propos de la première version de la note, ainsi que de celles, entre autres, de Claudel, de Ramuz et de Gallimard à propos des textes antérieurs de Cingria, que Paulhan arrête son choix : celui d'une réécriture de la note. On voit ici comment le texte de revue, le texte publié, peut être jusque dans sa composition interne une entreprise collective, comment il s'écrit parfois à plusieurs mains, quand bien même il n'y en a qu'une seule qui le signe directement (les signatures des membres du comité de rédaction paraphent tout de même le texte, implicitement, par l'apposition sur celui-ci de leur nom collectif : *La nouvelle revue française* dans le cas qui nous concerne). La part prise par les lettres dans le travail de sélection puis de mise en forme des textes destinés à la publication en revue, leur apport au « rédiger ensemble », voilà qui ne devrait pas manquer d'intéresser quelque généticien travaillant du côté de la sociocritique, et ce d'autant plus que la réécriture qui s'y fait est d'emblée sociale, d'emblée œuvre collective.

L'importance particulière de la lettre dans le « rédiger ensemble » des revues tient à ce qu'elle rend possible une critique interventionniste, à ce qu'elle participe activement par ses commentaires à la construction des numéros, conduisant à enlever tel ou tel texte du sommaire, exigeant des coupures à tel ou tel endroit, formulant des critiques à propos de tel passage qu'il importe de réécrire, etc. Telle est la dimension pragmatique propre à la lettre de revue, ou plus exactement à la lettre de rédaction : contraindre la revue à se dire différemment, amener des changements entre les premières épreuves et le texte publié.

Comme les manuscrits transitent généralement par le courrier, il n'est pas rare de voir la lettre développer en parallèle une lecture privilégiée, première, où abondent conseils en tous genres. La critique interventionniste n'est donc pas propre à la lettre de revue. La correspondance de Paulhan avec Francis Ponge abonde de cas de ce genre[17]. D'ailleurs, c'est l'ensemble de la correspondance de Paulhan qui pourrait être vue comme une immense machine à écrire la lecture.

Toutefois, comme la lettre de revue circule dans un réseau très bien défini, l'interventionnisme critique s'y négocie à plusieurs, au lieu d'être le fait d'un épistolier isolé. De plus, ce réseau est une structure de pouvoir surdéterminant les rapports individuels, de telle sorte que les interventions épistolaires de ses membres se traduisent en actes et peuvent contraindre l'auteur du texte commenté à des modifications préalablement à la publication. Les changements au texte sont parfois même apportés sans le consentement de l'auteur. Dans le cas des lettres échangées en dehors de ce type de réseau formel, au contraire, l'auteur demeure seul maître de son texte et des suites à donner aux commentaires critiques. Ainsi Ponge ignore-t-il quand il le veut les suggestions de Paulhan.

Cela dit, les prises de position épistolaires des membres du comité de rédaction n'ont pas toujours comme contexte immédiat, comme référence directe, un texte destiné à la revue. Et même si le but premier de leur signataire est d'intervenir dans le processus de rédaction pour exiger des modifications, bien souvent elles font du désaccord à propos d'un texte particulier l'amorce ou la réactivation d'un débat de caractère général. La lettre de Gide à Paulhan sur l'« Affaire Trotski-Cingria » relève, on l'a vu, de ce genre de prise de position à étages, faisant surgir d'un commentaire ayant pour objet la note sur Trotski la question de la position de la NRF quant aux relations entre l'art et le social.

La différence entre ces deux aspects en est une de visée. Quand la lettre ne vise plus concrètement à modifier un texte proposé pour le sommaire, quand elle ne vise plus à intervenir directement dans le processus de rédaction, dût-elle encore être échangée entre des membres du comité de rédaction, il ne s'agit plus vraiment d'une lettre de rédaction au sens strict ; on ne saurait plus la décrire comme je viens de le faire à l'aune de la figure du « rédiger, échanger, publier ». Cette différence entre la lettre de rédaction et les autres types de lettre de revue ne doit toutefois pas être perçue comme une altérité radicale, la même lettre pouvant fort bien s'inscrire dans les deux registres, ainsi que l'indique la prise de position à étages de la lettre de Gide à Paulhan[18].

Si je reviens maintenant à l'« Affaire Trotski-Cingria » afin d'en continuer l'étude, l'analyse du rôle de la lettre dans le processus de rédaction ayant été complétée, c'est désormais du côté de la dimension non rédactionnelle des lettres de revue qu'il me faut tourner mon regard. La décision prise par Paulhan de publier la note dans le numéro de juillet 1933 a en effet mis un terme à sa rédaction sans cependant mettre fin au débat, qui sera lancinant jusqu'à la publication par Gide, dans la NRF d'avril 1935, de sa lettre à Paulhan relative à cette affaire. Pour l'essentiel, ce débat tournera autour de l'axe fourni par l'interrogation initiale de Gide : quelle est la relation entre la NRF et la question sociale ? Se profile là-dessous ce qui me semble être une autre des modalités de la lettre de revue, et plus générale car extensive à l'ensemble des sociabilités intellectuelles, celle par laquelle elle construit et maintient les liens entre les membres du groupe, celle par laquelle elle contribue à dire et à faire ce *nous* sous-entendu par le « rédiger ensemble ».

Je reprends mon récit là où je l'avais laissé, fin juin-début juillet 1933. Alors que paraît le nouveau numéro de la NRF, Paulhan se décide enfin à produire le texte demandé par Gide sur la NRF et la question sociale. Dans une lettre, Paulhan marque ses distances envers la conception gidienne de la revue comme « front uni » et résiste ce faisant à la centrer autour des positions politiquement engagées du « cher maître », mais cela est fait avec tant d'habileté que Gide ne peut guère qu'acquiescer. Paulhan commence par promettre à son destinataire un texte plus juste sur Trotski pour le numéro du 1er août[19], puis reconnaît qu'en effet « il a cessé d'être vrai [que la NRF] refuse de s'intéresser à la question sociale[20] », avant d'avancer : « je me demande [pourtant] s'il ne faut pas maintenir dans la NRF une part, un coin où ce refus continue à être prononcé ». Il présente cette proposition comme la conséquence de la vie et de l'œuvre de Gide, écrivant :

> Songez que c'est pour une part à ce refus, à cette première rigueur, à cette crainte de confondre les problèmes — qui furent ceux de la NRF en des temps où le danger pour la France, sinon pour l'Europe, était plus pressant mille fois qu'aujourd'hui, que vous devez d'être celui que vous êtes.

Bien placé pour savoir que Gide ne dit écrire que pour être entendu de la jeunesse, Paulhan n'hésite pas à aller jusqu'à l'appel du pied :

« n'en refusez pas le bénéfice à de jeunes écrivains [...] laissez-les libres de ne pas vous suivre ». Gide, conciliant, lui écrira un peu plus tard : « Croyez bien que je comprends, et approuve, votre souci de ne pas laisser la barque pencher d'un bord où je l'ai déjà si inclinée[21]. »

Quant à Cingria, il réagit tout d'abord avec perplexité à l'annonce qu'il aurait, selon Claudel, l'inimitié de Gide : « ce serait, écrit-il, à cause de la note sur Trotski. Évidemment je ne suis pas communiste, ou plus communiste [...] mais Gide fait-il tellement attention à cela ? J'en serais chagriné, moi qui ai tant d'admiration[22]. » Ensuite, il espère « saisir l'occasion de dire du bien de Gide[23] » avec une note sur *Perséphone*, mélodrame en trois parties écrit par Gide et mis en musique par Stravinski. Ses relations avec Paulhan étant très cordiales, Cingria poursuit sa collaboration à la NRF, sans sujet de plaintes avant le mois de mai 1934 où, prenant prétexte de ce que Boris de Schloezer souhaite lui aussi faire une note sur *Perséphone*, il éclate de rage contre Gide qui, dit-il, « a fait de la revue un organe de parti et un éditorial en propre[24] ».

Il y a toutefois lieu de croire que la colère de Cingria est bien davantage due à une lecture de la lettre de Gide à Paulhan à propos de l'« Affaire » ; du moins est-ce ce que laisse supposer le passage où Cingria écrit à propos de Gide : « il se sent chez lui dans la revue. Les termes qu'il emploie ("vous et moi", "vous et nous") ne laissent pas l'ombre d'un doute[25]. » Ces termes sont en effet, on s'en rappellera, ceux de la lettre de Gide. Dans son ire, Cingria ira jusqu'à écrire : « La revue, comme me disait Max [Jacob] hier, n'est pas seulement devenue un organe de parti, mais un organe "de diffamation"[26] », annonçant même la fin de sa collaboration à la NRF, tout en précisant garder intacte son amitié pour Paulhan : « Qu'est-ce que les revues, les idées, les programmes [...] devant ce trésor comparable à rien de ce qu'il y a de plus précieux qu'il y a sur la terre et dans le ciel qu'est pour moi votre amitié[27]. »

C.-F. Ramuz, lequel correspond lui aussi régulièrement avec Cingria, s'est sans doute inquiété à Paulhan de cette possible défection, de l'influence de Gide et de ses positions communistes, car Paulhan prend soin de lui répondre, ce même mois de mai 1934 :

« Cingria me promet des notes régulières, et j'en suis content. [...] Enfin, non, tant que j'y serai, la NRF ne sera pas une "revue de gauche", mais plutôt — disons avec Gide : d'extrême milieu. (Je ne sais si Gide le dirait toujours.)[28] » Cingria restera donc lié à la NRF grâce à Paulhan, et ce, au-delà même de la guerre, jusqu'à sa reprise en 1953 sous le titre de *La nouvelle nouvelle revue française*[29]. L'épisode de la parution dans la NRF de la lettre de Gide sur la note Trotski ne troublera pas outre mesure Cingria, et d'ailleurs il l'aura vu venir, ce qui laisse entendre qu'il y eut des tractations à ce propos, comme l'indique également une autre lettre à Paulhan :

> Vous n'avez pas besoin de m'écrire. Je savais que les choses se passeraient ainsi [...] Vous êtes tout à fait hors de cause [...] Vous avez fait preuve d'une patience excédant de beaucoup ce que je supposais. [...] Quoi qu'il arrive, je veux rester en rapport avec vous et dans les mêmes termes. La revue, les revues, ce n'est ni vous ni moi[30].

Après cette lettre de Cingria, hormis deux petites remarques sur les « puants imbéciles qui [lui] sont hostiles dans la revue » et sur ses « implacables furieux ennemis [...] Gide Cassou Aragon[31] », l'« Affaire Trotski-Cingria » n'est plus qu'un souvenir.

Le noyau central qui semble se dégager des discours autour de cette affaire est la relation entre Gide et la NRF. Pour Cingria, rien de plus clair : la NRF, c'est Gide. Aussi le voit-on se poser comme étranger à ce groupe pour mettre plutôt l'accent sur le *nous* de l'amitié avec Paulhan, dissociant même complètement Paulhan de la NRF — « la revue [...] ce n'est ni vous ni moi » —, ce qui ne va pas sans une certaine audace. Pour Paulhan, si la NRF est la revue de Gide, elle est celle de la fidélité au premier Gide, aux positions antérieures de la NRF. Du moins est-ce là la vision qu'il défend dans ses lettres à Gide comme dans sa lettre à Ramuz, vision fondée non pas tant sur un refus radical de la politique et sur une esthétique de l'art pour l'art que sur une volonté d'objectivité à l'égard de toutes les tendances politiques et sur une hiérarchie des registres d'expression. Le premier aspect est éclairé par une lettre de Paulhan à Gide où, revenant sur des commentaires d'Alix Guillain à propos des « Documents sur le national-socialisme » présentés dans le numéro d'août 1933 de la NRF, il écrit : « L'un des arguments d'Alix était : qu'il y a des doctrines, et des personnes, avec qui "l'on n'a pas à être objectif". (Mais il me semble que le principe opposé pourrait bien servir de devise à la NRF.)[32] » Quant au second aspect, il peut être déduit des propositions suivantes, adressées par Paulhan à Jean Guéhenno, alors rédacteur en chef de la revue *Europe* :

> La NRF n'est pas une revue politique mais littéraire : je veux dire qu'elle attend des lettres une révélation de l'humain plus authentique, plus entière que n'importe quelle doctrine/action sociale, ou politique. Il ne s'agit donc pour elle, quand elle recueille des témoignages soit politiques, soit [...] moraux [...] que de dégager la découverte littéraire dont tant d'opinions politiques sont l'expression approchée, incomplète[33].

En somme, Paulhan tient à ce que la NRF soit, sous sa gouverne, un large espace de prise de position ; non pas une école ou un mouvement, mais une anthologie. Il tâchera autant que possible, tout au long de sa direction, de transcender les frontières entre groupes dans le but de faire de la NRF une sorte de microcosme de l'institution littéraire. Dans cette volonté d'œcuménisme littéraire, Paulhan acceptera sans mauvaise grâce de publier dans la NRF les « Pages de journal » où Gide clame haut et fort sa « sympathie pour l'U.R.S.S.[34] », prenant même la plume pour répondre à des attaques à son endroit, celles de Mauriac en particulier[35] ; toutefois il essaiera de dissocier la démarche de Gide de l'orientation générale de la revue, comme s'il s'agissait là d'une prise de position personnelle n'engageant en rien le *nous* de la revue.

La ligne directrice alors suivie par Paulhan dans l'élaboration des numéros de la revue exemplifiera la volonté d'ouverture manifestée dans ses lettres. Autrement dit, Paulhan réussira tant bien que mal à harmoniser ses dires épistolaires et le dire de la revue. Un survol rapide des sommaires des numéros publiés dans les mois succédant aux déclarations procommunistes de Gide permet en effet de constater qu'en plus de continuer la publication de poèmes, de romans et d'essais critiques fortement apolitiques — ce qui a été l'orientation générale de la NRF depuis ses tout débuts —, textes signés qui plus est par des noms aussi peu suspects de marxisme que Claudel, Giono, Cocteau, Jouhandeau, Drieu la Rochelle, Michaux, Giraudoux et j'en passe, Paulhan a fait en sorte que les questions quant à l'évolution de la pensée de Gide et quant aux rapports entre la littérature et la politique deviennent à l'intérieur même de la revue des sujets de débat. On peut ainsi voir Julien Benda, Ramon Fernandez, Jean Louverné (Étiemble), Jean Schlumberger et Albert Thibaudet exposer leurs vues et se répondre l'un l'autre, parfois dans les mêmes numéros.

De là à conclure que ce que dit Paulhan de la NRF dans ses lettres est plutôt banal, considérant que Jacques Rivière avait déjà énoncé de tels principes à la reprise de la NRF en juin 1919[36], que Schlumberger les défend dans sa « Note sur la politique » de décembre 1934[37] en se référant explicitement à ce qui est censé être la tradition de la NRF et qu'enfin la lecture des numéros dirigés par Paulhan permet de dégager ces principes par induction, il n'y aurait qu'un pas, que je refuserai cependant de franchir.

D'abord parce que ce serait là ne donner de sens et de valeur qu'aux premières actualisations d'un topos, au détriment des significations inhérentes au contexte d'énonciation ; en second lieu parce que le discours du *nous* des lettres de Paulhan, en ce qu'il est très général et qu'il relève davantage de l'énoncé de principe que du programme détaillé, laisse place à de multiples variations et adaptations de ses propos selon les interlocuteurs, de telle sorte que le ton plutôt interrogatif et plein de déférence de ses lettres à Gide est remplacé par davantage de certitude dans ses lettres à Ramuz ; ensuite parce que le *nous*-NRF des lettres de Paulhan ne se limite pas à sa thématisation et que le véritable travail à cet égard sera celui consistant à créer de multiples réseaux épistolaires par-delà les frontières des groupuscules littéraires, réseaux qui permettent à Paulhan d'élargir sans cesse le groupe des collaborateurs de la NRF et de donner chair au *nous* idéal de son discours épistolaire ; enfin parce que, justement, le dire général de la revue des années Paulhan est une vue de l'esprit, qui lui est certes imputable, mais dont il ne porte pas tout à fait la responsabilité, car il lui refuse sa signature. En effet, non seulement rien n'indique dans les pages de la revue que Paulhan en est le rédacteur en chef — de 1925 à 1935 — puis le directeur, mais, plus significativement encore, des années qui vont de sa nomination comme rédacteur en chef jusqu'à la conférence de Munich en septembre 1938, jamais Paulhan n'y commet d'article définissant les principes essentiels de la NRF, son orientation générale, pas plus qu'il ne s'aventure à tenter de définir les rapports entre la littérature et la politique[38]. Ce n'est qu'en décembre 1938 que Paulhan montera au créneau en traitant d'un sujet politique et exposera sa conception de la démocratie[39], et qu'en octobre 1939 qu'il osera signer en tête de la NRF une prise de position politique[40].

Pourquoi cet écart entre le texte public et le texte épistolaire ? La réponse que j'avancerai est que Paulhan, conscient de ce que toute prise de position publique entraîne une crispation et une polarisation des discours, adopte cette tactique afin de ne restreindre d'aucune manière l'espace des prises de position possibles dans la NRF. Tel est, selon moi, le paradoxe Paulhan : « pour que tout se dise dans la NRF, n'y rien dire ». D'où le débordement épistolaire[41]. La question qui surgit de tout cela est la suivante : jusqu'à quel point, dans la sphère littéraire, prendre la parole et la donner sont-ils des gestes antinomiques ? Les écrivains sont-ils contraints, dès lors qu'ils ne souhaitent pas s'effacer comme le fait Paulhan derrière les textes des autres, à ne leur donner la parole que si elle est privée, par le biais des correspondances tout particulièrement ? Qui sait si ce ne serait pas là une des clés pour penser les microsociétés littéraires — cénacles, écoles, mouvements — et leur tendance à circonscrire les conflits internes dans la sphère du privé afin de mieux imposer une parole publique orchestrée et présentée comme commune.

*Notes*_____

1.   Cette revue sera dorénavant désignée par les seules initiales NRF.
2.   *Cahiers Jean Paulhan 4. Correspondance Jean Paulhan-André Suarès (1925-1940)*, édition d'Yves-Alain Favre, Paris, Gallimard, 1987, 314 p., p. 70.

3. Paulhan la présente en ces termes à Suarès : « Voici une note de Ch. A. Cingria, non pas celle que j'aurais voulue. (Je désirerais cependant qu'elle ne vous déplût pas tout à fait) » (*ibid.*, p. 69).

4. Les autres membres du premier groupe de la NRF étaient Michel Arnauld, Jacques Copeau, Henri Ghéon et André Ruyters, noms auxquels on ajoute fréquemment celui de Jacques Rivière, vite devenu secrétaire de rédaction. Voir à ce sujet Auguste Anglès, *André Gide et le premier groupe de « La nouvelle revue française »*, Paris, Gallimard, 1978-1986, 3 vol.

5. Jacqueline Plouet-Despatin, « Une contribution à l'histoire des intellectuels : les revues », *Cahiers de l'Institut d'histoire du temps présent*, 20, mars 1992, p. 125-136, p. 126. Ce numéro des *Cahiers*, intitulé « Sociabilités intellectuelles. Lieux, milieux, réseaux », a été édité par Nicole Racine et Michel Trebitsch.

6. Table ronde « Jean Paulhan et *La nouvelle revue française* », dans Jacques Bersani (édit.), *Jean Paulhan le souterrain. Colloque de Cerisy-la-Salle (1973)*, Paris, Union générale d'éditions, coll. « 10/18 », n⁰ 1034, 1976, 443 p., p. 99-117, p. 102.

7. Michel Lacroix, « La lettre à l'œuvre. Les *Lettres à la N.R.F.* de Louis-Ferdinand Céline», Montréal, Université de Montréal, mémoire de maîtrise, septembre 1995, viii/227 p.

8. La version publiée aux pages 150 à 153 de la *NRF* de juillet 1933 (numéro 238) rend compte en premier lieu de l'autobiographie de Trotski, *Ma vie*, que Cingria louange sans réserves, affirmant que « deux lignes, n'importe où, appellent à nos sens ce jugement que Trotzky [*sic*] est doué d'un incommensurable génie littéraire » (p. 150). Puis, passant à l'*Histoire de la révolution russe*, Cingria y voit surtout, malgré les accents de « sourde, chaude [et] massive poésie », un « Trotzky définisseur » dont la « dissertation est creuse : elle est celle de n'importe quel universitaire germano-slave » (p. 151-152). Pour le prouver, Cingria cite l'incipit de Trotski — « Le trait essentiel et le plus constant de la Russie, c'est la lenteur de l'évolution du pays, comportant comme conséquences une économie arriérée, une structure sociale primitive, un niveau de culture inférieur » — et l'analyse impitoyablement : « Pourquoi penser et dire cela ainsi ? Surtout dire, car ce dialecte est hideux. "Lenteur de l'évolution" qu'est-ce que cela veut dire ? [...] Je veux traquer chacun de ces termes. "Économie arriérée". Économie d'abord. Qu'est-ce que ça veut dire économie ? Façon de concevoir

la question économique. Y a-t-il une question économique ? » (p. 152). Rejetant les bases mêmes de la lecture de Trotski, Cingria tranche péremptoirement : « La vie — la vraie vie — n'a pas de rapport avec ce vocabulaire et cette mystique » (p. 152). Tout cela mène finalement, en bout de note, à une surprenante et provocante ré-énonciation du primat du spirituel : « L'homme n'est pas fait pour s'étouffer avec du pain. Ce n'est pas la base. La base c'est une basilique d'esprit puis une basilique de fulgurences [*sic*] d'or et de pierres. Les légumes arrivent par surcroît, silencieusement, la nuit. Il n'est pas besoin d'en parler » (p. 152-153).

9. Charles-Albert Cingria, *Correspondance générale*, Lausanne, l'Âge d'homme, 1979, vol. IV, 345 p., p. 70. Voir les « Lettres à Jean Paulhan », p. 59-197 et les « Lettres à Paul Claudel », p. 7-57. Il est fort révélateur que Cingria puisse croire qu'il y avait méprise et ajoute, interrogateur, la parenthèse : « il veut dire de Schloezer ? ». C'est qu'il avait un lien indirect, par le biais de Stravinski, avec Gide et Schloezer, critique musical en titre de la NRF d'alors. Il a dû connaître ainsi l'hostilité de Schloezer et estimer dès lors que Claudel avait confondu les noms. L'association des noms de Gide et de Schloezer durera, puisqu'un an plus tard ils sont à nouveau accusés ensemble par Cingria (*ibid.*, lettre DXI, p. 84-85).

10. André Gide, « Pages de Journal », *La nouvelle revue française*, 259, avril 1935, p. 496-518, p. 500.

11. Ce dont est fort conscient Jean Paulhan qui, en janvier 1935, écrit à André Suarès que « Gide passe pour diriger la NRF » (*Cahiers Jean Paulhan 4, op. cit.*, p. 107).

12. Jean Paulhan, *Choix de lettres*, vol. 1, *La littératures est une fête (1917-1936)*, choix de Dominique Aury et Jean-Claude Zylberstein, notes de Bernard Leuilliot, Paris, Gallimard, 1986, 505 p., p. 298. Pour Jean Schlumberger, l'argument était : « Ne pensez-vous pas qu'il peut y avoir une gentille modestie […] à rendre légèrement ridicules, par la façon dont on les présente, à la fois soi-même et ses opinions — qu'ainsi l'on donne en tout cas un bien plus grand relief aux sentiments, auxquels on s'oppose » (*ibid.*, p. 295).

13. Jean Paulhan-Jean Grenier, *Correspondance (1925-1968)*, Quimper, Calligrammes, 1984, 231 p., p. 49-50.

14. Anonyme dans la lettre à Gide, attribuée à Gaston Gallimard dans celle à Schlumberger.

15. Jean Paulhan, *Choix de lettres, op. cit.*, p. 259-260.

16. *Ibid.*, p. 109.

17. Jean Paulhan-Francis Ponge, *Correspondance (1923-1968)*, édition de Claire Boaretto, Paris, Gallimard, 1986, 2 vol.

18. On touche ici à ce qui rend parfois hautement problématique l'approche de la lettre : sa nature protéiforme, sa multifonctionnalité. Destinateurs et destinataires peuvent en effet porter plusieurs chapeaux et s'écrire dès lors en ayant recours à plus d'un type de destination. La correspondance échangée par Paulhan et Céline en est un bon exemple, imbriquant comme elle le fait destinations « secondes », juridique et éditoriale, avec une destination « première » au directeur de revue. Voir à ce sujet l'analyse que j'en propose dans « Vers la rupture », « La lettre à l'œuvre », *op. cit.*, p. 147-200.

19. Texte qui ne verra jamais le jour, la première contribution sollicitée, celle d'un certain Marc Bernard, ne satisfaisant pas du tout Paulhan : « sa note ne vaut rien », écrit-il à Gide (*Choix de lettres, op. cit.*, p. 301).

20. *Ibid.*, p. 299.

21. Cité par Frederic J. Grover, « Les années trente dans la correspondance Gide-Paulhan », *MLN*, 95, 4, mai 1980, p. 830-849, p. 838-839.

22. Charles-Albert Cingria, « Lettres à Jean Paulhan », dans *Correspondance générale, op. cit.*, p. 70.

23. *Ibid.*, p. 75.

24. *Ibid.*, p. 84.

25. *Ibid.*

26. *Ibid.*, p. 85.

27. *Ibid.* Sans vouloir forcer le rapport, il est intéressant de noter que c'est dans le numéro suivant de la NRF — juin 1934 — que Cingria verra son premier texte — « Hippolyte hippocampe » — paraître dans le corps même de la revue, au lieu d'être cantonné comme précédemment dans les notes ou dans « L'air du mois », cependant que Max Jacob se verra offrir un court hommage en tête du numéro de juillet.

28. Jean Paulhan, *Choix de lettres, op. cit.*, p. 320.

29. Cingria écrira aussi dans *Mesures* (1935-1938) et dans les *Cahiers de la Pléiade* (1946-1952), autres revues dont s'occupa Paulhan.

30. Charles-Albert Cingria, « Lettres à Paulhan », dans *Correspondance générale, op. cit.*, p. 103-104.

31. *Ibid.*, p. 104 et 120.

32. Jean Paulhan, *Choix de lettres, op. cit.*, p. 302.

33. *Ibid.*, p. 280.

34. André Gide, « Pages de journal, 1931 », *La nouvelle revue française*, 228, septembre 1932, p. 362-371, p. 370.

35. Paulhan réagira surtout au texte où Mauriac s'en prenait au « petit groupe de beaux esprits [...] grands bourgeois de lettres, vêtus comme de luxueux voyageurs, et munis des mirobolantes valises de Barnabooth, chiffrées NRF » (« Les esthètes fascinés », *L'écho de Paris*, 10 septembre 1932, p. 1 ; repris dans les *Cahiers André Gide 2. « Correspondance André Gide-François Mauriac, 1912-1950 »*, édition de Jacqueline Morton, Paris, Gallimard, 1971, 275 p., p. 156-160), ce qui mettait explicitement en cause le groupe de la revue dans son ensemble. Conseillant alors à Gide de ne pas répondre à cet article, Paulhan écrira à Mauriac : « Il me semble que votre second article de *l'Écho* a dû vous déplaire à vous-même, il me semble que vous vous y forcez [...] J'en demeure assez triste, ou déçu [...] Non que je m'étonne de trouver cet article dans *l'Écho de Paris* mais que vous l'ayez signé, vous, Mauriac... » (*Choix de lettres, op. cit.*, p. 271).

36. Écrivant qu'« il reste nécessaire de purifier et de maintenir de toute influence étrangère, l'atmosphère esthétique » (p. 3) et que la NRF entend garder « une parfaite ouverture d'esprit » (p. 7), Rivière précise : « non seulement, notre libéralisme en littérature n'aura rien de commun avec l'indifférence, mais non plus en matière politique notre neutralité ne devra être confondue avec un détachement et un dilettantisme que nous sommes aujourd'hui unanimes à détester » (p. 9), et il laisse entendre que parfois « on trouvera dans *La nouvelle revue française* plusieurs points sur la politique qui pourront se combattre, mais qui garderont entre eux ce lien et cette ressemblance d'être tous réfléchis et sincères et de n'entraîner chez ceux qui les défendront ni haine, ni intolérance » (p. 11). Voir Jacques Rivière, « La Nouvelle Revue française », *La nouvelle revue française*, 69, juin 1919, p. 1-12.

37. Jean Schlumberger, « Note sur la politique », *La nouvelle revue française*, 255, décembre 1934, p. 866-871.

38. Le seul texte où Paulhan esquisse une prise de position est une lettre à Jean Guéhenno, publiée dans la « Correspondance » du numéro de mai 1932, à la suite d'une « Lettre ouverte à Jean

Paulhan » de Guéhenno. Des premiers mois de 1930 à novembre 1938, outre la lettre à Guéhenno, la contribution de Paulhan à la NRF consistera en six notes, une présentation de textes de son père et la publication des « Fleurs de Tarbes » de juin à octobre 1936. Œuvre majeure de Paulhan, ce texte, bien éloigné de toute prise de position esthétique ou politique, est consacré à l'examen des conceptions du langage ayant cours dans la critique littéraire. Si l'on veut chercher les prises de position exprimées par Paulhan dans la NRF, c'est plutôt sous la signature de Jean Guérin qu'on les trouvera. Ce pseudonyme, partagé par Paulhan avec d'autres collaborateurs de la revue, servira en effet pas moins de 226 fois de 1925 à 1940 ! Voir à ce sujet les index d'auteurs établis par Claude Martin dans *La nouvelle revue française (1925-1934)* et *La nouvelle revue française (1935-1940)*, Lyon, Centre d'études gidiennes de l'Université de Lyon, 1976-1977.

39 . Jean Paulhan, « Il ne faut pas compter sur nous », *La nouvelle revue française*, 303, décembre 1938, p. 1065-1067.

40 . Jean Paulhan, « Retour sur dix-neuf cent quatorze », *La nouvelle revue française*, 313, octobre 1939, p. 529-532.

41 . Illustré par l'entreprise même de la publication des *Choix de lettres* : mettant de côté, au cours de la collecte des lettres de Paulhan, celles qui leur paraissaient être les plus intéressantes, Dominique Aury et Jean-Claude Zylberstein se retrouvèrent avec assez de lettres pour constituer, disent-ils, « la matière de cinq ou six gros volumes ». Pour ne pas donner l'impression d'une correspondance générale, ils se résignèrent donc à ne publier que « la moitié du texte primitivement retenu » (« Introduction », *Choix de lettres*, *op. cit.*, p. 10). Cela donne la mesure de l'ampleur du corpus épistolaire de Paulhan.

Cher Monseigneur :
appels, salutations et signatures épistolaires dans la correspondance de Camille Roy

Jane Everett

Le point de départ de cette étude est une communication faite en 1992 sur la correspondance des écrivains québécois avec le critique littéraire Camille Roy[1]. Je m'y suis interrogée, en passant, sur les fonctions de divers éléments conventionnels qui font partie de la lettre, mais qui sont physiquement distincts du corps de celle-ci, tels que l'appel, la salutation, la signature et le post-scriptum. Dans le présent article, je propose de voir les trois premiers en détail ; j'écarte le post-scriptum parce qu'il n'a pas le même statut que les autres éléments : outre que ce n'est pas l'un des éléments « permanents » de la lettre, son contenu et sa forme ne sont pas réglés par la convention (du moins, pas au même point).

J'examine ici la façon dont différents correspondants de l'éminent critique traitent l'appel, la salutation et la signature, et le ou les effets de ce « traitement » sur le contenu explicite ou implicite de la lettre. Plus particulièrement, j'essaie de tracer l'inscription d'une conscience, chez les correspondants de Roy, de leur position relative à la sienne, conscience se reflétant, me semble-t-il, dans l'acceptation ou le refus des conventions appropriées à leurs positions respectives ainsi qu'au sujet de leurs lettres. Si j'adopte ce point de départ, c'est parce qu'il est évident que tous les correspondants de Roy, à quelques exceptions près, maîtrisent le code épistolaire de base, c'est-à-dire le format et les formules usuels de la correspondance officielle, professionnelle ou amicale, à partir de modèles enseignés généralement dès le primaire. À cet égard, je me permets de citer Janet Altman, qui, bien que parlant des recueils de modèles épistolaires qui avaient largement cours sous l'Ancien Régime, cerne bien l'importance des conventions à toute époque :

> la constitution d'un recueil de modèles pour les besoins épistolaires d'une société est un acte plus complexe qu'il ne paraît. Chaque recueil met en jeu une conception de la société. Proposant des normes linguistiques et stylistiques pour tel groupe à tel moment de l'histoire, cette sorte d'anthologie projette également une image des groupes sociaux qui écrivent et reçoivent les lettres. En indiquant les occasions de pratique épistolaire, en offrant des conseils sur ce que l'on peut exprimer dans une lettre, en suggérant la manière dont on peut se situer vis-à-vis des destinataires possibles, un recueil de modèles met en scène — par ses sélections, ses prescriptions et ses interdictions — autant une *politique* qu'une *poétique* de l'écriture épistolaire[2].

1. Le corpus

Je ne me penche pas ici sur une anthologie, mais d'une certaine manière j'avais sous la main un recueil de modèles épistolaires très variés qui, bien que pas nécessairement exemplaires — j'y reviendrai —, exprimaient différents types de relations sociales. Il s'agit de la correspondance reçue entre 1930 et 1940 par Camille Roy, recteur de l'Université Laval et supérieur du Séminaire de Québec[3], pédagogue, critique littéraire, animateur culturel, conseiller, et ami. Je ne m'intéresse qu'en passant, et seulement pour les besoins de ma démonstration, aux lettres que lui-même a écrites. À part les tâches administratives relevant de sa position au Séminaire et à l'Université, Roy a également des responsabilités en tant que membre de diverses sociétés et que personnage très en vue dans les milieux littéraires et culturels. Il voyagera beaucoup au cours des années trente, surtout pour promouvoir le fait français et catholique en Amérique du Nord. À partir de 1930, et en bonne partie à cause de toutes ces activités, Roy consacrera de moins en moins de temps à la critique de la littérature québécoise[4]. Sa réputation en tant que critique n'est d'ailleurs plus à faire. Une tournée de conférences publiques sur la littérature canadienne-française en Sorbonne et ailleurs en France au printemps 1933 lui attire les félicitations de ses admirateurs et confirme son pouvoir institutionnel, son statut de porte-parole autorisé. Cependant, ses jugements ne jouissent plus de l'autorité de jadis, du moins auprès de certains écrivains jeunes et moins jeunes, qui le jugent hostile à l'expérimentation formelle et à certaines formes d'écriture réaliste[5].

Entre 1930 et 1940, Roy reçoit littéralement des milliers de lettres, destinées les unes à l'administrateur ou au pédagogue, les autres au critique littéraire ou au conseiller respecté, d'autres encore au frère ou à l'ami, parfois à plusieurs de ces personnages à la fois. On le félicite de tel ou tel honneur, de tel ou tel article, on le remercie pour un service, pour une intervention auprès d'un ministre ou d'une institution, on sollicite son appui, son avis ou un article favorable, on l'invite à devenir membre de telle société, président d'honneur de tel comité spécial, on le met au courant d'une affaire, d'une critique, d'un livre qui vient de paraître… Parfois, la correspondance passe de la sphère privée à la sphère publique : tel est le cas, notamment, de quelques célèbres échanges avec Olivar Asselin et Henri Letondal, vers le milieu des années trente. Ces messieurs ayant publié dans la presse des articles mettant en question sa compétence, Roy se croit obligé d'écrire des lettres ouvertes afin de défendre sa réputation et la légitimité de son discours critique, un discours qui s'est largement répandu dans les institutions de l'enseignement secondaire à travers la province, grâce surtout à son *Manuel* d'histoire littéraire canadienne-française, mais aussi grâce aux rééditions de son œuvre, souvent offertes comme livres de récompense.

Mon corpus se limite aux lettres privées, c'est-à-dire à celles qui n'ont pas été publiées dans des journaux ou des revues. J'ai travaillé surtout à partir de photocopies de lettres complètes, mais parfois aussi avec des notes prises au cours d'une recherche faite dans le cadre d'un autre projet, ce qui fait que je n'avais pas toujours la lettre au complet. Le corpus me paraît cependant assez représentatif, bien que mes conclusions ne puissent être, à ce stade de mes recherches, que provisoires.

Les lettres retenues se divisent en trois groupes : lettres officielles, lettres d'écrivains, lettres d'amis et collègues. Ces catégories ne sont pas étanches et se chevauchent en un ou deux cas où les correspondants ont avec Roy des relations amicales aussi bien que professionnelles. Par « lettres officielles », j'entends les lettres d'affaires (correspondance avec ses éditeurs, par exemple) et les lettres de pure cérémonie ou de nature administrative. Je n'aborderai cependant pas le corpus par le biais de cette division ; j'ai préféré étudier, tour à tour, les appels, les salutations et les signatures.

2. L'appel

La plupart des correspondants de Roy l'appellent, il ne faut pas s'en étonner, « Monseigneur », tout simplement[6]. C'est ainsi que le nomment la plupart des personnes qui lui écrivent pour la première fois, ou qui sont ses inférieurs hiérarchiques, du moins dans les lettres officielles (dans leurs lettres personnelles, ils se permettent des « Cher monseigneur » s'ils le connaissent assez bien). Ses éditeurs, aussi, l'appellent « Monseigneur », comme le font certains écrivains et des connaissances.

Le choix de « Monseigneur » dans le cas des inférieurs, des inconnus et des correspondants anonymes est tout à fait conforme à l'usage épistolaire du jour ; il est signe de respect, confirmation que le correspondant reconnaît le statut de Roy et aussi sa propre position (d'étranger, d'inférieur) vis-à-vis de lui. Mais le choix de cet appel chez les gens qui connaissent Roy depuis longtemps, ou qui ont eu souvent affaire avec lui, demande à être examiné d'un peu plus près, car l'usage admet que les relations de longue date ou les relations de collégialité se reflètent dans l'appel autant que dans le reste de la lettre. Dans le cas de la correspondance de Roy avec son éditeur chez Beauchemin, Eugène Issalys, le simple « Monseigneur » sera ainsi la marque d'une relation commerciale, professionnelle, où il entre toujours une part de négociation. Le « Monseigneur » aide à la maintenir sur ce plan.

Le désir de garder une distance semble implicite aussi dans le « Monseigneur » de certains écrivains et collègues « littéraires » avec lesquels Roy entretient une correspondance occasionnelle et souvent « de circonstance ». Le « Monseigneur » de ces gens-là est équivoque, surtout quand on le considère en contexte. Quand le message est strictement, platement conventionnel, ou, dans d'autres cas, quand l'autorité de Roy y est, implicitement ou explicitement, remise en question, le simple « Monseigneur » semble signaler à la fois la reconnaissance du titre et du statut social du personnage, et une volonté de réduire le titre et, par extension, ce statut à une pure convention, à un simple état civil qui ne veut rien dire.

L'appel « Cher Monseigneur », quelque conventionnel qu'il soit, implique néanmoins une relation privilégiée ou un degré d'intimité ou d'égalité plus marqué que le seul « Monseigneur ». Jean Bruchési, qui écrit pour la première fois en février 1931, appelle Roy « Cher Monseigneur[7] ». Dans une lettre écrite sur papier à en-tête de l'Association des auteurs canadiens, Section française (dont il est le président), Bruchési dit avoir récemment consulté le *Manuel* de Roy ; il remercie celui-ci des quelques lignes qu'il a accordées à son œuvre, mais ajoute qu'elles ne rendent pas pleinement justice à sa production, qui est beaucoup plus importante que Roy ne l'indique. Le ton de cette lettre n'est pas du tout déférent, et le « Cher » ici est celui d'un littérateur traitant en collègue et égal un autre littérateur. De même, Germaine Guèvremont, écrivant une lettre officielle en 1939 au nom de la Société des écrivains canadiens, l'appelle « Cher confrère[8] ». Notons que le « Monseigneur » est toujours récupéré dans l'*adresse* de la lettre : le titre est inséparable de son état, à l'inverse de la position de critique ou de confrère.

Je note avec intérêt, à cet égard, l'évolution de l'appel dans les lettres de l'écrivain Georges Bugnet[9] : au début de leur correspondance (1923), il dira « Monseigneur » ; mais c'est « Cher Monseigneur

55

Roy » à partir du milieu des années trente. On peut retracer ici les indices de la lente acquisition par Bugnet d'une certaine autorité en tant qu'auteur. Il la doit en partie aux critiques louangeuses que Roy fait de ses œuvres, et aussi à ses propres articles, parus, entre autres, dans *Le Canada français*, revue que Roy dirigea pendant longtemps.

Dans certains cas, le « Cher Monseigneur » est un indice d'appartenance au circuit restreint de ce que j'appelle les élus épistolaires, qui peuvent être pairs ou disciples. Maurice Hébert, dont les premières lettres datent de 1920, dit « Mon cher Monseigneur » et « Mon bien cher Monseigneur Roy » (avec des variantes) dans ses lettres des années trente[10]. C'est la marque de son statut particulier d'ancien élève et de fils spirituel devenu collaborateur, puis successeur (au titre de critique officiel au *Canada français*, sinon au sein de l'institution littéraire de la ville de Québec).

Il arrive aussi à des personnes inconnues ou peu connues de Roy de lui dire « Cher Monseigneur ». Dans ces cas, ce semble être la marque d'une reconnaissance double : de l'état ecclésiastique et de la position hiérarchique de Roy, d'une part, et, d'autre part, d'une dette envers lui. Cela est particulièrement évident dans le cas d'écrivains dont l'œuvre a bénéficié d'une critique favorable. Celle-ci semble être interprétée comme une marque d'amitié implicite de la part de Roy, ce qui pourrait autoriser, dans leur esprit, l'emploi de « cher » dans l'appel.

L'abbé Albert Dandurand, dans une lettre accompagnant son livre récemment paru, *La poésie canadienne-française*, emploie l'appel « Mgr le Recteur[11] », choix sans doute motivé en partie par sa position à lui : il est professeur dans un collège classique (le collège de Saint-Laurent), et Roy était bien connu parmi les professeurs du secondaire à cause de sa position universitaire, et aussi à cause de sa défense constante et passionnée de l'enseignement secondaire classique. Mais la lettre de Dandurand s'adresse, elle, au critique ; en effet, Dandurand y loue les qualités de critique de Roy et le compare à Albert Pelletier, au détriment de celui-ci, évidemment.

J.-Edmond Houde, un ami d'enfance, tutoie Roy dans ses lettres et l'appelle « Mon cher seigneur[12] », mais le « Cher Camille » de leur jeunesse n'est plus de mise, malgré le tutoiement. Un autre ancien camarade de collège, Mgr F.-X. Ross[13], évêque de Gaspé, passe de « Mon bien cher Camille », dans les lettres qu'ils échangent alors qu'ils sont étudiants, à « Cher confrère et ami », « Mon cher abbé » ou « Mon cher ami ». S'il le tutoie d'abord, il se met à le vouvoyer entre la fin des années vingt et le milieu des années trente. Cela semble dû à deux facteurs : les lettres qu'ils échangent à partir du milieu des années vingt sont plus souvent de caractère mi-officiel mi-personnel que de caractère purement personnel ; en outre, la plupart de ces lettres sont dactylographiées et sont donc vues par des secrétaires. Il ne convenait sans doute pas, dans ces circonstances, de se permettre des familiarités indiscrètes.

3. La salutation

Les salutations constituent la partie la plus riche de mon corpus, sans doute parce que, de tous les éléments fixes, c'est celui qui permet le plus d'invention et le plus de détails personnels. L'abbé Albert Dandurand, par exemple, se permet de faire allusion à la récente tournée de Roy en France : « Agréez, mgr [sic] le Recteur, ma gratitude, et mes cordiales félicitations pour les succès que vous avez eus en Europe et que nous apprenions avec fierté[14]. »

Dandurand n'est pas le seul à louer l'œuvre de Roy ; beaucoup d'écrivains aussi construisent leurs salutations autour de l'expression de leur admiration pour son œuvre et pour ses contributions à la cause des lettres canadiennes. Alfred DesRochers, à qui Roy vient d'écrire pour l'informer qu'il compte inclure un article sur son œuvre dans la prochaine édition du *Manuel*, termine sa lettre de remerciements ainsi : « Avec mes remerciements pour votre délicate attention, je vous répète mes sentiments d'admiration pour votre œuvre[15]. » Léo-Paul Desrosiers dit à peu près la même chose, avec un peu moins d'élégance, en octobre 1931 : « Je vous remercie de tout cœur, et recevez, Monseigneur, l'assurance de ma plus sincère admiration pour l'œuvre littéraire que vous avez si solidement construite[16]. » On peut encore citer Gonzalve Desaulniers qui écrit, en juin 1931 : « Croyez,

Monseigneur, au profond sentiment d'amitié et d'admiration que j'ai pour vous[17]. »

Tous les écrivains qui communiquent avec Roy ne sont pas des admirateurs inconditionnels de ses jugements ou de son œuvre. Les lettres critiques sont particulièrement intéressantes à cause du contraste, qu'on ne peut manquer de remarquer, entre l'appel et la salutation (qui sont tout à fait conventionnels), et le corps de la lettre (qui détonne). Dans une lettre ouverte qu'il demande à faire publier dans *L'enseignement secondaire* en réponse à une critique de Roy, également parue dans la revue, Harry Bernard reprend chacune des objections de Roy et les réfute. Cette lettre de six pages tapée à simple interligne se termine avec la salutation : « Je vous remercie encore une fois de l'intérêt que vous avez accordé, jusqu'à ce jour, à mon œuvre littéraire, et vous prie de croire, comme dans le passé, à mes sentiments les meilleurs[18]. » Bernard retirera cette lettre avant publication, la jugeant un peu trop intempestive ; il est sûr que le ton général ne s'accorde pas très bien avec la politesse conventionnelle et banale de la salutation et, par extension, avec la politesse qu'il convient d'accorder à Roy.

L'ancien camarade de collège devenu évêque de Gaspé, F.-X. Ross, dit : « Je vous salue bien cordialement, cher Recteur, et je vous prie d'agréer mes meilleures amitiés[19]. » La salutation est amicale sans être exagérée ou trop familière, pour les raisons que j'ai déjà évoquées, mais se trouve tout de même investie des sentiments d'amitié réelle qui informent le corps de la lettre globalement, où une question d'ordre administratif se mêle à des considérations personnelles.

J'ai déjà parlé de l'évolution de la relation entre Roy et l'écrivain albertain Georges Bugnet. Elle se reflète aussi bien dans les salutations que dans l'appel : respect et admiration quand l'appel est un simple « Monseigneur » : « Veuillez, Monseigneur, agréer l'hommage de mes très respectueux sentiments et de mon admiration pour les constants et si grands services que vous ne cessez de rendre et à la langue française et à la pensée catholique[20] », respect et affection quand l'appel est « Cher Monseigneur Roy » : « Encore une fois, je vous remercie pour vos bonnes et si bienveillantes paroles et vous prie de croire, cher Monseigneur, à ma bien respectueuse affection[21]. »

On constate une évolution analogue chez Maurice Hébert, l'ancien élève de Roy, qui héritera de son titre de critique officiel de Québec. Hébert se dit toujours l'élève de Roy dans ses salutations, mais il emploie de plus en plus aussi le mot « ami », à côté de « religieuse et dévouée affection », de « cœur bien filialement dévoué », de « respectueux attachement[22] ».

L'éditeur de Roy, Eugène Issalys, chez Beauchemin, signe presque toujours « Au plaisir de vous lire, je vous présente, Monseigneur, mes bien respectueuses et cordiales salutations[23]. » La formule n'est peut-être pas des plus élégantes, mais elle a l'avantage de suggérer, bien que discrètement, qu'Issalys attend une réponse.

Dans les salutations, on note aussi une évolution dans le style, ou plutôt dans la disposition de la fin de la salutation, qui est maintenant parfois reportée sur une ligne séparée, un peu comme le « Sincerely » ou le « Yours truly » de la convention épistolaire anglaise (je ne saurais affirmer, toutefois, que ce soit sous l'influence de cette convention que cette formulation apparaît). On le voit chez Maurice Hébert assez souvent dans les années trente et chez d'autres aussi. Par exemple, Jovette Bernier, dans une lettre qui date vraisemblablement du début 1931[24], signe

> Respectueusement, à vous, Monseigneur,
> je suis
> Jovette-Alice Bernier.

Alfred DesRochers adopte une formule quelque peu hybride :

> En vous remerciant d'avance de tout ce que vous voudrez bien dire de mon œuvre, si vous en avez le temps, je me souscris, Monseigneur,
> Votre admirateur et obligé,
> Alfred DesRochers[25].

Harry Bernard se permet, un jour, un « Sincèrement » bien bref [26]. Dans ce cas-là, c'est peut-être parce que le paragraphe précédent, quoique n'ayant rien vraiment d'une salutation, signale une intention claire de clore la discussion ; reste que la formule est inusitée.

Quant aux réactions probables de Roy à ce type de formules, on peut se reporter à une lettre qu'il a écrite dix ans plus tard, en mai 1942. Il s'adresse à un Américain qui lui aurait suggéré que, pendant la guerre, ce serait un geste patriotique que de terminer les lettres par la salutation « Yours for Victory » (traduit sans doute en français). Roy de répondre :

> Votre formule « Yours for Victory » que vous suggérez pour finir une lettre peut bien s'accorder avec l'usage anglais et américain de finir les lettres par « Sincerely yours ». En français, nous n'avons pas cet usage, surtout quand nous nous adressons à une personne pour laquelle nous avons de la considération. Cette formule brève paraît alors trop familière, contraire au bon usage. C'est pourquoi je ne pense pas que votre suggestion puisse être généralement acceptée chez les Canadiens de langue française. Ce qui ne les empêche pas de souhaiter la Victoire.
> Recevez, monsieur, mes respectueux sentiments[27].

On se demande ce que Roy a pensé de la formule de salutation adoptée par un correspondant anonyme se plaignant de la tenue d'un grand débat oratoire en anglais à l'Académie commerciale de Québec et reprochant aux autorités de l'avoir permis. La salutation est brève et ne correspond pas à l'usage décrit par Roy, qui est pourtant un personnage pour lequel l'écrivain anonyme semble avoir de la considération. Celui-ci conclut, en guise de salutation et, peut-être, de mot d'ordre :

> À bas l'anglais
> et Vive le Français[28].

On pourrait dire qu'il s'agit là d'un cas à part, mais c'est tout de même une formule de clôture, si ce n'en est pas une de salutation proprement dite. Cela jette une lumière intéressante sur les formules abrégées et hybrides décrites un peu plus haut, car si la salutation de la lettre anonyme suggère, en plus de son contenu patriotique, une certaine ignorance des conventions, les salutations adoptées par des personnes instruites comme Bernier, DesRochers et Bernard inscrivent, il me semble, une attitude différente, nouvelle vis-à-vis de l'usage habituel — peut-être même la possibilité, la volonté de démocratiser ou du moins d'affranchir la voix épistolaire, de mieux refléter l'individu et la façon dont il se représente sa position vis-à-vis de celle de Roy.

4. La signature

C'est dans la signature que le destinateur s'affirme nommément. La signature est hautement personnelle, la calligraphie aussi. Si la lettre est dactylographiée, comme c'est souvent le cas dans les années trente, la signature manuscrite est comme le garant de l'authenticité, et le sceau de la personnalité, que d'autres éléments de la lettre, surtout si c'est une lettre de circonstance, pourraient masquer. Même dans la lettre manuscrite, la signature se démarque : elle peut se permettre d'être plus irrégulière, car elle n'a pas besoin d'être lisible[29].

Parfois la signature s'intègre, syntaxiquement, à la salutation. C'est le cas, comme on l'a vu, pour les formules employées par Jovette-Alice Bernier, Alfred DesRochers et Harry Bernard. Maurice Hébert signe souvent simplement « Maurice » et, comme dans les cas de Bernier, DesRochers et Bernard, qui signent leur nom et prénom au complet, le prénom est ici lié syntaxiquement à ce qui précède :

> Croyez-moi toujours, cher Monseigneur, votre bien sincère ami Maurice[30].

Dans ce cas particulier, la combinaison du prénom seul avec la salutation « personnalisée » aide à atténuer le caractère conventionnel et plus ou moins impersonnel de la salutation.

La signature est parfois accompagnée d'un titre, qui affirme, implicitement, le statut social, ou la position hiérarchique du correspondant (par rapport à celle de Roy). François-Xavier Ross signe « F.-X. R., Évêque de Gaspé », les initiales étant précédées d'une petite croix. Pour lui, comme pour Roy, qui signe presque toujours « Camille Roy, ptre » et pour l'abbé Dandurand, qui signe, textuellement, « l'abbé A. Dandurand », le statut ecclésiastique est inséparable de l'identité personnelle et sociale ; il ne saurait être question de ne pas l'inclure.

En janvier 1933, Roy écrit à Henri Letondal pour l'avertir qu'il va envoyer une lettre ouverte aux journaux pour répondre à des critiques que Letondal a faites dans *Le Canada* à propos de son *Manuel*. Dans sa réponse, Letondal se dit étonné d'une réaction qu'il juge peu professionnelle. Il termine sa lettre en disant :

> En y réfléchissant bien, Monseigneur, je suis sûr que vous me donnerez raison.
> Votre tout dévoué,
> Henri Letondal[31].

Son nom est dactylographié au-dessous de sa signature et, un peu plus bas, à gauche de la feuille, se trouvent ses initiales à lui et celles de la personne qui a tapé la lettre. Ces éléments supplémentaires « professionnalisent » en quelque sorte le discours de Letondal, créant une sorte de contraste, par le biais d'éléments graphiques, entre les propos de Letondal et ceux, jugés non professionnels, de Roy.

Le correspondant anonyme auquel j'ai fait allusion à propos de la salutation signe sa lettre, mais substitue au nom propre individuel un nom propre générique. Ainsi, il signe « Un Canadien Français », ajoutant, entre parenthèses, comme garant additionnel de son authenticité, ou de sa représentativité, peut-être, le mot « ouvrier[32] ». Se désigner ainsi n'est bien sûr pas indifférent ; cette identité à la fois nationale et sociale est censée être aussi porteuse de signification, d'authenticité, que la signature ordinaire. C'est dire que l'épistolier anonyme reconnaît la valeur sociale et épistolaire de la signature ; ne pouvant pas ou ne voulant pas mettre son propre nom, il lui faut mettre autre chose, de valeur équivalente. Omettre la signature n'est pas une option ; ce serait invalider complètement le message, refuser de l'endosser.

Conclusion

Ce bref survol des lettres reçues par Camille Roy dans les années trente m'a permis de constater — je ne suis pas la première à le faire, d'ailleurs — la remarquable stabilité des modèles épistolaires, en particulier des éléments « permanents ». Ce sont les constantes d'un discours, d'un vaste ensemble de discours très variés. Mais, comme on l'a vu, l'appel, la salutation et la signature n'acquièrent leur pleine signification que lorsqu'on les considère en contexte, c'est-à-dire par rapport à toute la lettre, voire à toute une correspondance[33]. Dans l'abstrait, ce sont des indices de relations sociales ; en contexte, ils aident à identifier le degré d'acceptation ou de refus des valeurs sociales implicites en eux.

Comme on peut le voir d'après la correspondance de Camille Roy, différentes configurations de ces rapports sont possibles. Certains correspondants, il est évident, respectent les conventions et les valeurs sociales qui les informent. D'autres respectent les conventions, mais cela ne veut pas dire nécessairement qu'ils acceptent complètement les valeurs qui les sous-tendent. Enfin, d'autres s'écartent des conventions, ce qui implique, le plus souvent, du moins c'est l'impression que j'ai, la volonté de s'exprimer autrement, de se démarquer et d'affirmer le droit de le faire. Cela peut aussi connoter, évidemment, un manque de familiarité avec les modèles et les conventions épistolaires.

L'appel, la salutation et la signature reconnaissent, encadrent, décrivent, inscrivent, voire prescrivent les limites d'un dicible[34] qui n'est pas censé « déraper », du moins pas si on a respecté les valeurs implicites, dès le départ, dans le choix de l'appel, et si la salutation et la signature ne compromettent pas cet équilibre. L'appel signifie au destinataire que le destinateur lui reconnaît — ne serait-ce que pour la durée et l'espace de la communication, parfois uniquement pour la durée et l'espace de l'appel — une certaine identité sociale. C'est la première formulation, la première actualisation plutôt, d'une entente qui est au cœur même de ce qu'on nomme la convention épistolaire, c'est-à-dire le respect et la reconnaissance des positions relatives des deux correspondants et de l'ordre social qui sous-tend le tout. Mais il arrive que la salutation contredise ce qui précède, ou détonne par rapport à l'adresse ou au corps de la lettre, bref : qu'elle crée une incongruité. En effet, comme nous l'avons vu, la reconnaissance et le respect de l'autre se modifient parfois au fil du texte, ils portent les marques de l'évolution du destinateur.

Ces observations mènent à deux séries de questions. La première porte sur le respect des conventions, c'est-à-dire sur le « bon usage » des formules et sur le statut des lettres qui, délibérément ou non, y portent atteinte. De quelle(s) manière(s) et jusqu'à quel point est-ce que la non-maîtrise ou le refus du code affecte la réception du message lui-même ? Quelles conclusions avons-nous appris à tirer de lettres « mal » faites ou de lettres anonymes ? Quels jugements portons-nous sur elles ? Et pourquoi les jugeons-nous ainsi ?

En déplaçant un peu le problème, on se trouve devant la deuxième série de questions, celles-ci portant sur le rapport entre le respect des formules et la « congruité » des messages. Il semble en effet que les conventions peuvent fonctionner un peu comme des garde-fous, créant des limites à l'intérieur desquelles peut se manifester un certain « désordre » ou une transgression des règles implicites dans les conventions. Ce sont en quelque sorte à la fois des rappels à l'ordre (des rappels de l'Ordre) et une assurance, pour le destinataire, que le destinateur n'a pas complètement rejeté les valeurs qui sont sous-jacentes au code de conduite épistolaire. Mais il peut arriver que le destinateur, tout en respectant les conventions, déclare, explicitement ou implicitement, son intention de questionner les valeurs sociales sous-jacentes au code. Qu'arrive-t-il à ce moment ? Est-ce que le fait de respecter certaines conventions garantit au destinateur le droit de dire n'importe quoi et d'être « reçu » ? Ou est-ce qu'il y a un point au-delà duquel il ne faut pas aller, si on veut être lu, un point au-delà duquel le respect des conventions n'est plus efficace ?

Je n'ai évidemment pas de réponses à toutes ces questions. Je me permets toutefois, en guise de conclusion, de proposer une dernière série de questions qui pourraient, il me semble, orienter une recherche visant à éclairer l'ensemble du problème et aider à mieux cerner la notion même d'épistolarité. Où se situent les limites du dicible épistolaire ? Comment les identifie-t-on ? Enfin, si ces limites varient d'une époque à une autre, d'une culture à une autre, reste-t-il néanmoins des constantes[35] qui déterminent absolument le statut épistolaire ?

Notes_____

1. Voir Jane Everett, « Du dit et du non-dit : lettres à un critique (Camille Roy) », dans Benoît Melançon et Pierre Popovic (édit.), *Les facultés des lettres. Recherches récentes sur l'épistolaire français et québécois*, Montréal, Université de Montréal, Département d'études françaises, Centre universitaire pour la sociopoétique de l'épistolaire et des correspondances, février 1993, p. 131-162.

2. Janet Altman, « Pour une histoire culturelle de la lettre : l'épistolier et l'État sous l'ancien régime », dans Mireille Bossis et Charles A. Porter (édit.), *L'épistolarité à travers les siècles. Geste de communication et/ou d'écriture. Colloque culturel international de Cerisy la Salle France*, Stuttgart, Franz Steiner Verlag, coll. « Zeitschrift für Französische Sprache und Literatur. Beihefte. Neue Folge », no 18, 1990, p. 106-115, p. 107 (C'est Altman qui souligne.). Dans le même ordre d'idées, Volker Kapp note : « Mais on ne pourrait pas non plus étudier la structure rhétorique de ces lettres-modèles sans mentionner la vision de la société et de l'homme qui y sont présupposées » (« L'art épistolaire dans les manuels littéraires scolaires du XIXe siècle », dans Mireille Bossis et Charles A. Porter (édit.), *L'épistolarité à travers les siècles, op. cit.*, p. 116-126, p. 119).

3. Il aura quatre mandats de recteur : 1923-1927 ; 1932-1935 ; 1935-1938 ; 1940-1943 ; et un cinquième, par intérim, de février à juin 1929 (Frère Ludovic, *Bio-bibliographie de Mgr Camille Roy, P.A., V.G.*, Montréal, École de bibliothécaires de l'Université de Montréal, 1941, 180 p., p. 19).

4. Bien qu'il continue de collaborer activement aux deux revues dont il a été le cofondateur, *L'enseignement secondaire* et *Le Canada français*, la revue officielle de l'Université Laval. Il publiera son dernier recueil d'articles critiques, *Regards sur les lettres*, en 1931, mais son fameux *Manuel* connaîtra plusieurs éditions au cours de

la décennie, et il donnera aussi ses *Morceaux choisis d'auteurs canadiens* (1934 ; réimpression en 1938) et des rééditions de quelques-uns de ses premiers écrits au cours de la même période. Il publiera aussi des recueils de discours traitant des études classiques, de la survivance française et catholique, de la littérature canadienne-française...

5. On peut consulter, à ce propos, Lucie Robert, *Discours critique et discours historique dans le « Manuel d'histoire de la littérature canadienne de langue française » de M*gr *Camille Roy*, Québec, Institut québécois de recherche sur la culture, coll. « Prix Edmond-de-Nevers », n° 1, 1982, 190 p. ; et Jane Everett, *loc. cit.*

6. Roy porte ce titre depuis 1925, l'année où il devient protonotaire apostolique. Archives du Séminaire de Québec (désormais : ASQ), *Journal du Séminaire*, 13 septembre 1925, XI, p. 315.

7. ASQ Fonds Camille Roy (désormais : FR) 88-66-1, 8 février 1931.

8. ASQ, Documents de l'Université Laval (désormais : UNIV) 273, n° 24, 4 octobre 1939.

9. ASQ FR 89-1-1 à 31, 20 décembre 1923-28 octobre 1939.

10. ASQ FR 96-58-17 à 27, 1er janvier 1930-17 janvier 1940.

11. ASQ FR 91-27-1, 5 mai 1933.

12. ASQ FR 101-26-12, 27 janvier 1933.

13. ASQ FR 106-61-1 à 28, 7 août 1890-14 mars 1938.

14. ASQ FR 91-27-1, 5 mai 1933.

15. ASQ FR 91-94-3, 1er février 1930.

16. ASQ FR 92-3-2, 30 octobre 1931.

17. ASQ FR 91-70-1, 4 juin 1931.

18. ASQ FR 87-25-2, 17 février 1931.

19. ASQ FR 106-61-27, 2 août 1937.

20. ASQ FR 89-1-17, 30 septembre 1931.

21. ASQ FR 89-1-31, 28 octobre 1939.

22. Autres exemples de salutations « personnalisées » : « Dites surtout à votre ancien élève que votre santé est parfaite et que vous avez la joie profonde de travailler à votre gré » (ASQ FR 96-58-4, 11 mai 1922) ; « Croyez toujours, cher Monseigneur, à ma religieuse et dévouée affection » (ASQ FR 96-58-21, 4 avril 1933) ; « votre élève et ami / Maurice Hébert » (ASQ FR 96-58-26, début 1938) ; « Avec l'assurance de mon respectueux attachement » (ASQ FR 96-58-27, 17 janvier 1940).

23. ASQ FR 97-26-1, 19 septembre 1935.

24. ASQ FR 87-33-3, s.d. Des indices internes suggèrent que la lettre date du début de 1931.
25. ASQ FR 91-94-1, 21 mars 1929.
26. ASQ FR 87-25-6, 13 janvier 1932.
27. ASQ UNIV 287, n° 101, 3 mai 1942.
28. ASQ UNIV 26, n° 4, 18 mai 1938.
29. Voir à ce propos Alain Buisine, « La lettre peinte », dans Mireille Bossis et Charles A. Porter (édit.), *L'épistolarité à travers les siècles, op. cit.*, p. 68-80, p. 69.
30. ASQ FR 96-58-18, 14 janvier 1930.
31. ASQ FR 101-26-4, 26 janvier 1933.
32. ASQ UNIV 26, n° 4, 18 mai 1938.
33. Voir à ce propos English Showalter, « L'interdit dans la correspondance de Françoise de Graffigny », dans Mireille Bossis et Charles A. Porter (édit.), *L'épistolarité à travers les siècles, op. cit.*, p. 143-146, p. 143 : « La lecture d'un texte exige sans doute toujours un travail de décodage et de déchiffrement. Cela vaut pour une lettre comme pour une œuvre littéraire. L'œuvre littéraire est cependant destinée à un public d'inconnus, alors que la lettre est normalement destinée à un individu avec lequel l'épistolier partage non seulement une culture générale mais aussi certaines connaissances très particulières. Une lettre isolée contient donc assez souvent des allusions absolument incompréhensibles à un tiers. *D'un autre côté, pourtant, la lettre est en fait rarement isolée. D'ordinaire elle fait partie d'une correspondance, ce qui veut dire qu'il y a une réponse, que la lettre elle-même est déjà une réponse. Cet enchaînement de réponses constitue un processus de feedback, qui fournit souvent le contexte privé et personnel* et permet à un éditeur de retrouver un sens autrement perdu » (C'est moi qui souligne.).
34. Marie-Claire Grassi parle à ce propos de « seuils normatifs » en ce qui concerne le tutoiement et l'emploi de formules types dans la salutation, mais aussi dans le corps du texte (« La correspondance comme discours du privé au XVIIIe siècle », dans Mireille Bossis et Charles A. Porter (édit.), *L'épistolarité à travers les siècles, op. cit.*, p. 180-183, p. 180). Bernard Beugnot signale, pour sa part, le rôle des conventions dans l'invention et l'embrayage du discours épistolaire (« De l'invention épistolaire : à la manière de soi », dans Mireille Bossis et Charles A. Porter (édit.), *L'épistolarité à travers les siècles, op. cit.*, p. 27-38, p. 31-32).

35 .   Je ne parle pas ici des conditions nécessaires — séparation, etc. — à
         l'instauration d'une correspondance ; je pense uniquement aux ca-
         ractéristiques et aux conventions du texte épistolaire.

Voix et jeux de coulisses : la correspondance Simone Routier-Louis Dantin

Marie-Andrée Beaudet

> Au lieu des conversations banales d'entre deux valses, on causa littérature. Mlle Routier soumit ses vers à Morin, qui lui dit : « Travaillez, vous avez du talent. Vous avez peut-être ainsi le moyen de voir Paris. »
> Alfred DesRochers, *Paragraphes*, p. 168.

La correspondance entre Simone Routier et Louis Dantin[1] n'offre pas, au premier abord, un terrain très favorable à l'analyse sociologique. En effet, bien que débutant en 1929 et couvrant, malgré la perte de plusieurs lettres, la presque totalité des années trente, cette correspondance n'évoque curieusement d'aucune façon les grands sujets politiques de l'heure[2]. L'échange se fonde sur d'autres intérêts, des intérêts que l'on peut qualifier de professionnels, qui, bien qu'apparemment éloignés du tumulte de l'époque, n'en sollicitent pas moins la sociologie de la littérature. La correspondance Routier-Dantin — qui met en scène une jeune femme poète, extrêmement déterminée à réussir dans la carrière littéraire, et un critique-écrivain exilé, à la notoriété déjà bien établie — permet en effet de jeter un éclairage précieux sur les conditions et les stratégies de réussite d'une carrière d'écrivain dans un champ littéraire encore dominé par une idéologie conservatrice imbue de régionalisme. De plus, Simone Routier et Louis Dantin, au-delà des particularités de leur parcours individuel, incarnent deux phénomènes majeurs de la première partie de la décennie, à savoir l'avènement d'une première génération de femmes à l'écriture et la prédominance institutionnelle de l'activité critique. « Âge de la critique », pour reprendre les mots de Jacques Blais[3] et le titre d'un dossier que la revue *Voix et images* a consacré aux années 1920-1940[4], et premier âge de l'écriture des femmes, les années trente témoignent, comme plusieurs commentateurs l'ont déjà montré, du difficile frayage de la modernité à travers le corps opaque et massif de la tradition. La correspondance entre Louis Dantin et Simone Routier, en raison de l'éloignement géographique des deux écrivains et du caractère fortement professionnel de leur relation épistolaire, éclaire donc — d'une façon oblique, il est vrai, mais peut-être d'autant plus révélatrice — la scène littéraire de l'entre-deux-guerres. Se construit au fil des lettres un espace marginal et néanmoins privilégié de dialogue qui permet aux acteurs que sont les correspondants de commenter la situation littéraire de l'époque, voire d'en contourner les interdits, et aux lecteurs indiscrets que nous sommes d'observer cette situation avec des effets conjugués de distance et de proximité. Les voix que l'on surprend aspirent à rester confinées aux jeux de coulisses, mais, reliées au vaste réseau des pratiques épistolaires de l'entre-deux-guerres, ces voix, celles de Routier et de Dantin, ne participent pas moins à la rumeur montante d'une époque et d'une institution littéraire en profonde mutation.

Ouverture en forme d'appel au maître

La correspondance, qui comprend une trentaine de lettres[5], s'engage dans les derniers mois de 1928. Simone Routier a 27 ans. Elle vient de faire paraître aux éditions « Le Soleil » un premier recueil de poésie intitulé *L'immortel adolescent*. Sur les conseils d'Olivar Asselin, dira-t-elle plus tard[6], elle fait parvenir son recueil à Louis Dantin, un des critiques les plus influents de l'époque, qui vit depuis 1904 à

Cambridge aux États-Unis et qui est alors âgé d'une soixantaine d'années[7]. Dantin ne répond pas. La jeune femme revient à la charge, quelques mois plus tard, en lui adressant un exemplaire de la seconde édition de son recueil. On peut supposer que les deux envois étaient accompagnés d'une dédicace ou d'un mot de présentation, puisque Dantin, dans sa première lettre, datée du 25 mars 1929, croit nécessaire de s'excuser d'avoir « si longtemps » tardé à lui envoyer « une appréciation de [son] œuvre » et il annonce à sa correspondante qu'il vient de poster le matin même, au journal *Le Canada*, un article sur les poèmes de la première édition de son recueil[8]. Quelques jours plus tard, Simone Routier remercie Dantin et lui écrit : « Votre opinion détaillée m'intéressera au plus haut point : je rêvais en secret d'une critique de vous, *et la voilà d'elle-même*[9]. » L'heureux étonnement qu'elle affecte pourrait tromper si la suite de la correspondance, la tournure que celle-ci va prendre avec le séjour parisien de la jeune femme, n'exhibait pas tant l'audace et le désir de réussite qui l'animent. Dans cette correspondance, l'initiative revient à Simone Routier : c'est elle qui amorce l'échange, c'est elle qui en oriente le cours et c'est elle qui en donne le ton. Ce ton résolument moderne, souvent narquois et toujours soucieux de plaire, est nouveau au Canada français. Alfred DesRochers, contemporain de Simone Routier (il est né la même année qu'elle, en 1901), en avait remarqué la hardiesse dans son article consacré au prix David que venait de se mériter, en juin 1929, *L'immortel adolescent*, lorsqu'il cite les premières réactions de l'auteure :

> La plus grande satisfaction que me procure l'accueil fait à mon livre, c'est que je puis maintenant me taire et prendre un air connaisseur, quand je n'ai pas tout à fait saisi un mot d'esprit ; on n'osera plus douter de la cause de mon silence[10]...

Cette attitude désinvolte et frondeuse, manifestement, plaît à l'esprit libre qu'est Dantin. Il laisse la jeune femme interpréter ses propos à sa convenance, lire des marques d'enthousiasme pour son œuvre là où il n'y a souvent que la reconnaissance d'une sensibilité ou de « belles qualités d'artiste[11] », dit-il sans trop s'engager sur la valeur même de sa poésie. Il la laisse dire, à propos de sa critique de *L'immortel adolescent*, que son appréciation lui vaudra, par déférence, les félicitations « des esprits sérieux comme des "snobs" », qu'elle a « ouvert le sourire de ces chers montréalais chez qui il ne s'est pas vendu deux de [ses] livres[12] ». Dantin, toujours attentif aux voix nouvelles, encourage Simone Routier à travailler et à développer la « vocation » artistique qu'elle a choisie en évitant, cependant, de s'engager dans des formes d'écriture qu'elle ne maîtrise pas. Si l'appétit insatiable de la jeune femme, tout en l'étonnant, le réjouit (« Au fond, je vous admire, croyez-le, de vouloir tout embrasser[13] ; mais il ne faudrait pas s'étonner, n'est-ce pas, si l'imagination, l'émotion, la fantaisie, n'allaient pas absolument de pair avec l'algèbre et le syllogisme[14] ? »), il demeure, de toute évidence, que Dantin n'éprouve pas à l'égard de la poésie de Simone Routier l'admiration que lui inspire, à la même époque, la découverte des premières publications d'Alfred DesRochers[15] ou d'Alice Lemieux[16]. Mais alors, qu'est-ce qui le fascine tant chez sa correspondante ? Au-delà du soutien à une jeune artiste qu'il juge talentueuse mais non encore accomplie, Dantin n'a-t-il pas pour Simone Routier une autre curiosité ?

Le jeu de séduction

Louis Dantin et Simone Routier ne se sont jamais vus, jamais rencontrés. Leurs relations restent confinées à l'espace épistolaire. Le corps et ses séductions affleurent pourtant dans ces lettres au caractère, il est vrai, beaucoup plus professionnel qu'intime. Dantin, Simone Routier le sait, est sensible aux charmes féminins, sensible, comme on l'a dit avec un accent suranné, à « l'éloquence de la chair féminine[17] ». Aussi, la jeune femme, bien informée du passé de son correspondant, joue-t-elle de sa féminité, surtout dans ses premières lettres. Elle fait l'enfant et minaude en évoquant sa « petite jugeote artistique[18] ». Alors que son recueil contenait déjà en hors-texte un éloquent autoportrait à la sanguine, elle se presse de lui faire parvenir une photo d'elle, photo que Dantin évoque dans une lettre subséquente,

au moment où il vient de juger sévèrement un manuscrit d'apho-
rismes qu'elle lui a soumis : « Je jette les yeux à ce moment sur le
portrait de vous que vous m'avez envoyé, et votre regard, hélas ! est
terrible[19]. »

Le critique, on le sent, n'est pas indifférent à la rhétorique de
séduction déployée par la jeune poète. Dans cette même lettre, il lui
demande « pardon, à genoux[20] ». Dans une lettre précédente, il cherche à se faire pardonner ses « franchises rustiques et décidément peu
"galantes"[21] ». Il se montre ravi de son esprit de décision même si, à
l'occasion, il l'engage à ne pas trop se presser, à ne pas brûler les
étapes. Bien qu'il lui écrive, en décembre 1929, « pourquoi êtes-vous
d'une ambition si démesurée[22] ? », Dantin est apparemment séduit
par la détermination toute moderne de sa jeune correspondante, par
son désir de perfectionnement et sa volonté de réussite. Ces qualités,
il les attribuait d'une façon générale à la génération des jeunes femmes
poètes[23] qui émerge alors et il les précise en ouverture de sa critique
de *L'immortel adolescent* :

> La poésie, si longtemps chez nous privilège masculin, comme la science,
> le sport, la politique, s'est vue envahie tout à coup par un essaim de
> muses nouvelles, toutes portant cheveux courts, jupes montantes, ta-
> lons effilés, aussi femmes qu'on peut l'être, modernes jusqu'au bout
> de leurs ongles polis, et bien décidées, semble-t-il, à nous déloger du
> bois de lauriers où nous vivions depuis Virgile, où nous flânions beau-
> coup, il faut le dire. [...] Nos poétesses sont à la page : elles ont l'âme
> du jour et de l'heure ; elles connaissent leur métier. Comment ont-
> elles grandi si tôt, et comment savent-elles toutes ces choses ? On se
> le demande étonné. Inutile, en tout cas, d'être envieux ; faisons-leur
> de bonne grâce une place sur les pelouses sacrées. Elles la méritent et
> la prendraient quand même[24].

De la génération de femmes écrivains qui apparaît à la fin des
années vingt, Simone Routier est manifestement la plus ambitieuse.
Elle s'est mis dans la tête de réussir et elle prend les moyens pour y
parvenir. Dans un récent mémoire de maîtrise consacré à l'émergence
de l'écriture féminine au Québec, Marie-Claude Brosseau retrace les

étapes du plan de campagne adopté par la jeune femme pour décrocher le prix David :

> Elle soumet ses vers à des autorités influentes du milieu littéraire, particulièrement à Marc-Antonin Lamarche et à Édouard Montpetit, tous deux associés au prix David, afin de connaître leurs opinions. Une première édition à ses frais de *L'immortel adolescent* lui permet de sonder le terrain. Puis elle dresse une liste de tous les journaux canadiens-français auxquels elle fait parvenir quelques-uns de ses poèmes. Riche de ces premiers commentaires, elle réédite, suivant les conseils de Montpetit et de Morin, son recueil de poésie[25].

La façon très agressive dont Simone Routier occupe la position de débutante qui est la sienne s'explique en grande partie par ses origines bourgeoises et par l'habitude de l'effort et de la réussite qui caractérise le milieu de la bourgeoisie d'affaires dans lequel elle a évolué. Issue d'une famille aisée, bien dotée du point de vue de la formation scolaire, la jeune femme mène sa carrière dans les lettres comme son père devait mener sa bijouterie de la rue de la Fabrique à Québec. Même si son milieu familial n'accepte pas de gaieté de cœur sa « vocation » artistique et refuse de financer le voyage en Europe dont elle rêve, Simone Routier continue à le respecter comme faisant intimement partie d'elle. À Dantin qui, dans la préface à sa plaquette *Ceux qui seront aimés...*, soulignait que chez elle la raison primera toujours sur la passion, elle écrit :

> Il est exact de dire que l'analyse, la pensée (pour ne pas dire la morale) réussira toujours à étouffer en moi la passion. [...] je dois toujours décevoir pour ne pas me décevoir moi-même. C'est à la fois une force et une faiblesse. Une force pour la famille d'où je suis, et le monde, mais une faiblesse sûrement quant à l'art, et, ma foi, une lutte bien fatigante[26].

Dans les premiers temps de sa correspondance avec Dantin, Simone Routier, en bonne élève déterminée à obtenir la meilleure note, soumet ses textes au maître. Elle ne lui cache pas qu'elle travaille et retravaille ses vers à la lumière des attentes du milieu critique de l'époque. Dantin se montre accueillant, mais n'hésite pas à lui retourner ses textes couverts d'annotations. Il l'incite à être personnelle, à écrire pour « *[s]'exprimer [elle-même]* » et à dédaigner « l'incompréhension d'esprits […] qui seraient étrangers à des formes quelconques de l'art[27] ».

Avec le départ de Simone Routier pour Paris, en février 1930, la relation initiale de maître à élève va progressivement se transformer en un échange de services et en une relation d'écrivain à écrivain.

« Un bienfait en appelle toujours un autre [28] »

Sitôt installée à Paris, Simone Routier reprend avec un dynamisme décuplé ses activités d'apprentissage et de reconnaissance littéraires, déjà engagées d'une main ferme et conquérante au Canada. Dans une lettre qui précède de peu son départ, la jeune femme avait fait état de son intention de faire connaître son correspondant à Paris pour que son œuvre puisse, écrit-elle, « sortir un peu du cercle trop restreint où vous l'avez fixée[29] ». Tenant parole, elle a tôt fait d'introduire l'œuvre de Dantin dans le réseau français qu'elle a mis en place dans les mois qui ont précédé son arrivée à Paris, entre septembre 1929 et février 1930, réseau qu'elle consolide et élargit tout au long de son séjour parisien qui, des quelques mois initialement prévus, se prolongera jusqu'en 1940.

Dantin accueille avec un plaisir certain « la bonne fortune qui [lui] arrive », ainsi qu'il le lui dit dans une lettre datée du 29 février 1931[30]. Le critique-écrivain troque rapidement la position passive de bénéficiaire qui est la sienne contre celle de collaborateur activement engagé dans l'entreprise de consécration française mise en branle par sa jeune et dynamique collègue. Il lui envoie des exemplaires de ses livres à remettre à ses connaissances parisiennes, à placer « où ils feront le plus de bien[31] ». Il la prie de bien vouloir lui faire parvenir les articles qui pourraient paraître sur l'une ou l'autre de ses œuvres. De son côté, Simone Routier s'active, établit des contacts et cherche un éditeur pour ses nouveaux écrits. De lettre en lettre, les demandes de services se font plus nombreuses, se systématisent. « Mademoiselle Routier », comme l'appelle toujours Dantin, sollicite de moins en moins de conseils. Le 18 mai 1931, elle demande cependant à son correspondant la faveur d'une préface pour des « poèmes archi travaillés, qui paraîtront peut-être à Paris, à Québec, ou au Tonkin ou nulle part mais enfin [qu'elle] achève de mettre au point et [qu'elle] compte [lui] resoumettre[32] ». L'idée lui est sans doute venue du récent envoi (lettre datée du 29 février 1931) que lui a fait son correspondant d'un ouvrage de Gonzalve Desaulniers qu'il avait préfacé (*Les bois qui chantent*, 1930). Dantin acquiesce à la requête de Routier, mais précise que la préface sera courte, car « [ses] loisirs se comptent par minutes[33] ». La plaquette, intitulée *Ceux qui seront aimés...*, paraît l'année suivante (soit en 1932), chez un petit éditeur du Quartier latin, les Éditions Pierre Roger. Dans sa préface, Dantin insiste sur la délicatesse d'inspiration de la poésie de Simone Routier, sur sa grâce épidermique, sur le fait que l'auteure est « une jeune personne très sage, mais très au jour, pétrie de deux modernités, l'américaine et la française[34] ».

Le même printemps, aux mêmes éditions du boulevard Saint-Germain, Simone Routier fait paraître un recueil de réflexions brèves sous le titre de *Paris. Amour. Deauville*. Le livre est préfacé, cette fois, par Gaston Picard, critique français et ami de Simone Routier qui a complaisamment écrit quelques articles sur la littérature canadienne où Routier et Dantin étaient, comme il se doit, mis à l'honneur. Dans ce deuxième ouvrage à paraître en France, l'auteure se fait moraliste et révèle la longue et inépuisable fascination que lui inspire Paris : « On veut Paris avec obstination et on ne s'en rassasie jamais. C'est un amant d'un lourd passé donjuanesque, mais qui se renouvelle sans cesse merveilleusement[35]. » Et encore : « Le fleuve Saint-Laurent, gigantesque, unique et si bellement sauvage, t'exprime bien, âme virile et fière de mon pays. Ta Seine, civilisée, humaine, fine et attirante, t'évoque bien, âme subtile de Paris[36]. »

Le motif parisien

Il y aurait beaucoup à dire sur le rôle que jouent le voyage et le rêve de l'ailleurs dans les années trente. Marie-Claude Brosseau souligne dans son mémoire que la jeune génération de poètes est hantée par le désir de séjourner à Paris[37]. À l'époque où Simone Routier y habite, d'autres écrivains canadiens s'y trouvent déjà ou s'y trouveront sous peu : Alain Grandbois, Pierre Dupuy, Marcel Dugas, René Garneau, Alice Lemieux, Rosaire Dion-Lévesque, pour n'en nommer que quelques-uns.

Dans la correspondance entre Simone Routier et Louis Dantin, la Ville lumière constitue un motif majeur qui suscite les échanges les plus nourris et les plus intéressants. Les deux correspondants aiment Paris. Dantin, dans les années 1890, y a été trois ans supérieur de la Maison des pères du Saint-Sacrement, et Simone Routier découvre la ville avec un enthousiasme à la mesure des rêves qui l'habitaient.

Jusque-là, dans la correspondance, Dantin avait maintenu une certaine distance. Il s'avançait avec prudence. Le motif parisien fournit l'occasion d'une rencontre plus profonde entre les deux écrivains et provoque une complicité d'autant plus étroite que Simone Routier fait part à son correspondant des défiances que certains de leurs compatriotes, dont Jean-Charles Harvey et Alfred DesRochers, entretiennent à l'égard des « retours d'Europe ». C'est Dantin qui pose le premier la question du retard intellectuel du Québec, question centrale de la période comme l'a très justement souligné Lucie Robert[38], autour de laquelle les deux écrivains vont établir une véritable connivence et s'apporter l'un à l'autre un soutien dans ce que Dantin appellera dans une lettre subséquente « une lutte analogue[39] ». Évoquant le prochain départ de sa correspondante et ses sentiments à l'égard de Paris, Dantin écrit : « Ce que j'en aime, c'est l'atmosphère d'art et de pensée, de liberté intellectuelle, si différente de *nos emprisonnements natifs*[40]. » Simone Routier reprend le même constat en raillant ceux qui choisissent de s'enliser dans ce qu'elle appelle « nos incorrections… locales[41] ». À maintes reprises, la comparaison avec l'effervescence intellectuelle de Paris fournit aux deux écrivains l'occasion de fustiger l'étroitesse et le moralisme étouffant du milieu littéraire québécois et, partant, de juger sévèrement la doctrine du « canadianisme intégral » définie par Albert Pelletier et soutenue par DesRochers. Dantin relate à Routier ses démêlés épistolaires avec Pelletier et DesRochers sur cette question. Il s'étonne que « tout un clan de jeunes qui se sont récemment férus de proclamer "l'autonomie littéraire du Canada" » appuient la thèse de l'auteur des *Carquois* et proposent, à l'encontre des efforts tentés pour ramener le langage des Canadiens « à la correction française », de fonder une littérature nouvelle sur le « parler populaire[42] ».

Dantin, dans d'autres lettres, renchérit sur les bienfaits des séjours à l'étranger « pour élargir ses horizons et communiquer de plus près avec la vie et la pensée d'autrui[43] ». S'il avoue ne pas ressentir, comme le suggérait Simone Routier, « la nostalgie du pays de la vraie liberté[44] », il évoque en des termes émouvants le lieu intérieur qui est le sien et d'où, depuis tant d'années, il accompagne les écrivains qui font appel à lui :

> Le vrai exil, c'est celui où l'esprit et le cœur restent étrangers à ce qui les entoure et ne trouvent nulle part la compréhension et la sympathie. On peut même, comme j'ai fait, passer sa vie à courir le monde, sans faire autre chose que changer d'exil[45].

De son côté, Simone Routier ne s'abandonne jamais à des confidences d'un tel degré d'intimité. Centrée sur elle-même et sur son désir de réussite, elle parvient rarement à se hisser à la hauteur de vue et d'expérience de son correspondant. Elle laissera sans écho, par exemple, les deux allusions où Dantin évoque la censure dont il a été l'objet de la part de son éditeur, Albert Lévesque. Dans une lettre du 16 août 1932, Dantin remercie sa correspondante des bons mots qu'elle a eus pour son récent recueil, *Le coffret de Robinson Crusoé*, qu'il juge lui-même « incomplet, désordonné » : « Si la censure m'avait permis, dit-il, d'ajouter à ces pièces les deux ou trois autres "chansons" que vous connaissez, la valeur de toute l'œuvre et sa proportion en eussent été grandement accrues[46]. » Il revient sur le sujet le 18 janvier 1933 :

« Je vous ai adressé récemment une plaquette contenant une "Chanson" [il s'agit cette fois de « Chanson intellectuelle »] que la censure m'a empêché de joindre à mon récent volume [...][47]. » Là encore, Simone Routier ne manifeste aucun étonnement, aucune solidarité. La voix fatiguée de Dantin laisse tomber dans la lettre qui clôt la correspondance publiée dans les *Écrits du Canada français* :

> Pour moi, je tâche de me tenir au-dessus des mêlées [...] il m'arrive de laisser percer mon dégoût pour la société telle qu'on nous l'a faite, et qui, si elle mérite d'être sauvée, exige surtout d'être transformée. Et c'est le moyen, naturellement, de n'être de l'avis de personne[48] !

Si l'auteure de *L'immortel adolescent* constate le retard intellectuel du Québec et déplore « les procédés d'un siècle en arrière de la moyenne des critiques de chez-nous[49] », elle le fait toujours dans la perspective des conditions de réussite de son œuvre ou de ses appréhensions concernant son éventuel retour au pays. Le désir de changement qu'elle exprime se résume souvent à une volonté d'être « à la page », de suivre « la mode du jour », expressions qui reviennent fréquemment sous sa plume. Par là, Simone Routier limite la correspondance à un échange littéraire un peu superficiel, qui répugne à approfondir les questions esthétiques ou le devenir collectif de la littérature canadienne. À plusieurs reprises, elle invite son correspondant à ne pas divulguer ses projets, à garder pour lui les démarches de publication qu'elle entreprend ou les renseignements qu'elle lui fournit. Jamais Dantin n'use de ces précautions.

L'engagement social et littéraire comme l'investissement personnel ne sont visiblement pas les mêmes dans cette relation épistolaire. Louis Dantin et Simone Routier ne partagent pas le même *habitus*, n'appartiennent ni à la même génération ni à la même catégorie d'écrivains[50]. La morale petite-bourgeoise de l'auteure de *L'immortel adolescent* et l'éthique toute empreinte de socialisme de Dantin créent entre eux une situation de porte-à-faux et les empêchaient d'aller au-delà du seul partage d'un même diagnostic sur le huis clos littéraire québécois.

Curieusement, au moment où cette correspondance nourrie de la question de la modernité s'interrompt pour nous en 1934 (les lettres échangées entre 1935 et 1940 n'ayant pas été retrouvées), les premiers véritables jalons de la modernité littéraire québécoise se mettent en place. Avec, cette même année 1934, la publication des *Poèmes d'Hankéou* d'Alain Grandbois et avec, d'une façon institutionnelle plus décisive, la fondation de *La relève,* le champ littéraire entre dans une nouvelle configuration. Dans cette perspective, la correspondance entre Simone Routier et Louis Dantin peut être vue comme une tentative d'évasion hors des « emprisonnements natifs », selon la formule de Dantin, et plus encore comme l'expression à voix basse d'un immense malaise porteur des transformations à venir. Toutefois, seule une prise en compte de l'ensemble des correspondances des années trente, tâche colossale compte tenu du nombre et de l'importance des correspondances à analyser, pourrait permettre de préciser le rôle et la fonction de ce que je n'hésiterais pas, pour ma part, à nommer *l'action épistolaire* des années trente dans la mutation littéraire et institutionnelle de la littérature québécoise.

*Notes*_____

1 . Voir Louis Dantin, Simone Routier et Gaston Picard, « Correspondance 1929 à 1941 », *Écrits du Canada français,* 44-45, 1982, p. 227-274. Présentation de Paul Beaulieu.

2 . Dantin et Routier ne font aucunement référence, par exemple, aux effets de la crise économique qui affecte pourtant cruellement les pays où sont écrites et d'où sont postées leurs lettres, soit le Québec, la France et les États-Unis.

3 . Voir Jacques Blais, *De l'ordre et de l'aventure. La poésie au Québec de 1934 à 1944,* Québec, Presses de l'Université Laval, coll. « Vie des lettres québécoises », n° 14, 1975, x/410 p. L'auteur écrit en conclusion : « À l'instant du choix crucial, comme sous l'effet de brusques changements atmosphériques, l'on passe de l'âge de la critique (nombreuses productions des années 1929 à 1934) à celui de la création » (p. 327-328).

4. « L'âge de la critique, 1920-1940 », dossier dirigé par Pierre Hébert, *Voix et images*, 17 : 2, 50, hiver 1992, p. 165-247.

5. La correspondance publiée est à peu près complète pour les années 1929-1934, non pour les années 1935 à 1941. Les lettres échangées au cours de cette période auraient été perdues.

6. Voir le texte de Simone Routier qui précède la publication de sa correspondance avec Louis Dantin, « La ferveur d'une débutante en poésie », *Écrits du Canada français*, 44-45, 1982, p. 213-225, p. 213.

7. Précisément 64 ans, selon les données biographiques établies par Yves Garon dans *Louis Dantin*, Montréal, Fides, coll. « Classiques canadiens », n° 35, 1968, 96 p., p. 14 ; selon Garon, Dantin serait né en 1865. Selon d'autres sources, dont le *Dictionnaire des œuvres littéraires du Québec. Tome II. 1900-1939* (Montréal, Fides, 1980, xcvi/1363 p., p. 893), Dantin serait né en 1869.

8. L'article paraît le 6 avril 1929 dans *Le Canada*, p. 4.

9. Simone Routier à Louis Dantin, lettre du 6 avril 1929. Je souligne.

10. Alfred DesRochers (sous le pseudonyme de Noël Redjal), « En écoutant parler Simone Routier (Lauréate de poésie du prix David) », *La Tribune*, 29 juin 1929, p. 3 ; texte repris dans *Paragraphes*, Montréal, Librairie d'action canadienne-française, coll. « Les jugements », 1931, 181 p., p. 166-172. Simone Routier reprendra ce propos sous une forme plus aphoristique dans son recueil de pensées de 1932 : « Publier un livre qui a quelque succès est un certificat d'intelligence pour tes silences futurs » (*Paris. Amour. Deauville*, Paris, Éditions Pierre Roger, 1932, 161 p., p. 103).

11. Louis Dantin à Simone Routier, lettre du 25 mars 1929.

12. Simone Routier à Louis Dantin, lettre d'avril 1929.

13. Dantin fait ici allusion aux multiples arts que pratique aussi l'auteure : la peinture, la sculpture, la musique.

14. Louis Dantin à Simone Routier, lettre du 9 décembre 1929.

15. Voir Annette Hayward, « Les hauts et les bas d'une grande amitié littéraire : Louis Dantin-Alfred DesRochers (1928-1939) », *Voix et images*, 16 : 1, 46, automne 1990, p. 26-43.

16. Dantin ouvre sa critique des *Poèmes* d'Alice Lemieux par ces mots : « Inutile de vouloir cacher que j'adore ces poèmes. Ils sont de ceux qui me séduisent avant que ma critique ait pu reprendre haleine et les traiter comme de simples "sujets". Et c'est là, pour moi tout au moins, un critérium de beauté non commune » (*Poètes de*

l'Amérique française, deuxième série, Montréal, Albert Lévesque, 1934, coll. « Les jugements », 196 p., p. 146).

17. L'expression, reprise par Simone Routier dans son texte de présentation de la correspondance, serait d'Armand Lavergne (*loc. cit.,* p. 214).

18. Simone Routier à Louis Dantin, lettre du 25 septembre 1929.

19. Louis Dantin à Simone Routier, lettre du 9 décembre 1929.

20. *Ibid.*

21. Louis Dantin à Simone Routier, lettre du 28 septembre 1929.

22. Louis Dantin à Simone Routier, lettre du 9 décembre 1929.

23. Alfred DesRochers, à propos de Jovette Bernier, d'Alice Lemieux, d'Éva Senécal et de Simone Routier, parlait, quant à lui, du « quatuor des jeunes filles » (cité par Annette Hayward, *loc. cit.,* p. 33).

24. Louis Dantin, « Chronique de Louis Dantin. *L'immortel adolescent* par Mlle Simone Routier », *Le Canada,* 6 avril 1929, p. 4 ; texte repris dans la deuxième série de *Poètes de l'Amérique française, op. cit.,* p. 129-145.

25. Marie-Claude Brosseau, « L'émergence d'une écriture féminine autonome au Québec. Les débuts littéraires d'Alice Lemieux, Éva Senécal et Simone Routier à travers leur correspondance avec Alfred DesRochers (1927-1936) », Sherbrooke, Université de Sherbrooke, mémoire de maîtrise, décembre 1994, 177 p., p. 103.

26. Simone Routier à Louis Dantin, lettre du 6 juillet 1931.

27. Louis Dantin à Simone Routier, lettre du 13 avril 1929.

28. Simone Routier à Louis Dantin, lettre du 25 septembre 1929.

29. Simone Routier à Louis Dantin, lettre du début février 1930.

30. Louis Dantin à Simone Routier, lettre du 29 février 1931.

31. Louis Dantin à Simone Routier, lettre du 20 octobre 1932.

32. Simone Routier à Louis Dantin, lettre du printemps 1931.

33. Louis Dantin à Simone Routier, lettre du 1er janvier 1931.

34. Simone Routier, *Ceux qui seront aimés...,* préface de Louis Dantin, Paris, Éditions P. Roger. Le copyright est de 1931, mais, vraisemblablement, d'après la correspondance, la parution est de 1932.

35. Simone Routier, *Paris. Amour. Deauville, op. cit.,* p. 24

36. *Ibid.,* p. 40.

37. Paris est « le rêve cher à tous les poètes de l'entre-deux-guerres » (Marie-Claude Brosseau, *op. cit.,* p. 40).

38. Voir Lucie Robert, *L'institution du littéraire au Québec,* Québec, Presses de l'Université Laval, coll. « Vie des lettres québécoises »,

n° 28, 1989, 272 p. Elle écrit : « La génération perdue est celle d'une élite encore traditionnelle, consciente du clivage entre le réel et la fiction, et qui entreprend de combler l'abîme en élaborant un projet de modernisation de la société et de la littérature québécoise. C'est elle qui a, la première, formulé la problématique du "retard" des Québécois par rapport au monde moderne » (p. 197).

39. Louis Dantin à Simone Routier, lettre du 1er juin 1931.

40. Louis Dantin à Simone Routier, lettre du 28 septembre 1929. Je souligne.

41. Simone Routier à Louis Dantin, lettre du 18 mai 1931.

42. Louis Dantin à Simone Routier, lettre du 1er juin 1931.

43. Louis Dantin à Simone Routier, lettre du 16 août 1932.

44. Simone Routier à Louis Dantin, lettre du 10 octobre 1932.

45. Louis Dantin à Simone Routier, lettre du 6 novembre 1933.

46. Louis Dantin à Simone Routier, lettre du 16 août 1932.

47. Louis Dantin à Simone Routier, lettre du 18 janvier 1933.

48. Louis Dantin à Simone Routier, lettre du 7 avril 1941.

49. Simone Routier à Louis Dantin, lettre du 18 mai 1931.

50. Si Dantin acquiert progressivement, au cours des années trente, un véritable statut d'écrivain en ajoutant notamment à son activité critique une œuvre poétique risquée et originale, Simone Routier, quant à elle, occupe dès son entrée dans le champ littéraire la position de *l'écrivain-amateur professionnel*. La trajectoire de l'auteure de *L'immortel adolescent* offre en effet un bel exemple de posture répondant à l'éthos bourgeois et posant comme improbable, voire impossible, le démarquage radical d'avec les modèles littéraires acceptés et acceptables par le milieu littéraire duquel elle se réclame. Pour *l'écrivain-amateur professionnel*, l'investissement dans la carrière littéraire s'adapte comme naturellement à l'évaluation et au calcul des chances de réussite offertes à court terme par son époque.

Les années de la Crise dans la correspondance Louis Dantin-Alfred DesRochers (1929-1935)

Richard Giguère

C'est le 3 décembre 1928 qu'Alfred DesRochers, ayant obtenu d'une collègue journaliste à *La tribune*, Jovette Bernier, l'adresse du critique Louis Dantin en Nouvelle-Angleterre (97, rue Walden, Cambridge, Massachusetts), lui envoie sa première lettre accompagnée de son recueil de vers *L'offrande aux vierges folles*[1], publié quelques jours plus tôt. Ainsi débute l'une des correspondances littéraires les plus importantes de l'entre-deux-guerres au Québec. Dantin et DesRochers échangeront 230 lettres de 1928 à 1939, 210 lettres dans les années 1929 à 1935, les années les plus dures de la Crise[2]. En plus, chacun de son côté, le jeune poète et le critique correspondent avec un grand nombre d'écrivains (surtout des poètes), de critiques et d'éditeurs dans les décennies vingt et trente : DesRochers échange plus de 2000 lettres avec des auteurs, hommes et femmes, de la « jeune génération » et avec quelques aînés ; Dantin en échange à peu près autant avec les jeunes qui le sollicitent de toutes parts et avec les représentants de sa génération qui font appel à son expérience et à sa vaste culture. J'ai déjà écrit, après avoir lu une bonne partie de la correspondance de DesRochers, que celui-ci tenait un dialogue avec le monde littéraire de son temps[3]. Lire l'ensemble de la correspondance de Louis Dantin et d'Alfred DesRochers, c'est suivre pas à pas, presque jour après jour, l'actualité et les grands débats littéraires, intellectuels, sociopolitiques et économiques de l'entre-deux-guerres, tels qu'ils prennent vie sous nos yeux.

Mais revenons aux 210 lettres échangées par le poète et le critique et à la période qui nous intéresse, soit 1929 à 1935. Quelle est la place qu'occupe cette correspondance dans la vie et dans l'œuvre des deux écrivains ? Quel rôle joue-t-elle précisément ? Surtout — et c'est là le but de ma réflexion —, en quoi les années et les événements de la crise économique, de la « dépression » comme on disait à l'époque, marquent-ils cette correspondance ? En somme, la Crise est-elle très présente dans ces quelque deux cents lettres et, si elle l'est, de quelle façon cette présence se manifeste-t-elle ?

Précisons d'abord que, dans la vie personnelle et professionnelle des deux écrivains, ainsi que dans leur œuvre littéraire, cette correspondance occupe une place de premier plan. À une époque où le réseau routier n'a pas l'extension et la fiabilité qu'il a de nos jours, où le train est le seul moyen sûr — mais lent et coûteux — de voyager sur de moyennes et de grandes distances, où les vacances sont rares, la correspondance est un moyen de communication idéal. Les lettres ne coûtent pas cher en frais de poste et elles se rendent à bon port quasiment le même jour dans les villes du Québec, le lendemain en Nouvelle-Angleterre. La correspondance en 1930 est le téléphone et le télécopieur des années quatre-vingt-dix. Dans les années où ils échangent trois à quatre lettres par mois — une lettre par semaine de 1929 à 1932 —, Dantin et DesRochers parlent souvent de leurs problèmes personnels, de leurs difficultés à joindre les deux bouts, de leurs tâches quotidiennes de plus en plus lourdes et harassantes, l'un comme journaliste et directeur du service de la publicité d'un quotidien régional, *La tribune* de Sherbrooke, l'autre comme typographe d'une grosse imprimerie universitaire de la Nouvelle-Angleterre, celle de l'université Harvard à Boston. Les deux doivent être solidaires et s'encourager mutuellement s'ils veulent survivre à la « dépression » et à la morosité ambiante.

Du point de vue de leur œuvre littéraire, dans le cas de Dantin comme dans celui de DesRochers, les années les plus riches de leur correspondance coïncident avec leurs années les plus productives. De 1929 à 1935, Dantin publie trois de ses quatre recueils d'études critiques, soit le deuxième tome des *Poètes de l'Amérique française* (1934), la première (1931) et la deuxième (1935) série des *Gloses critiques*, presque toute son œuvre poétique, *Chanson javanaise* (1930), *Chanson citadine* (1931) et *Chanson intellectuelle* (1932), en plus du *Coffret de Crusoé* (1932), et les récits et nouvelles de *La vie en rêve* (1930) ainsi que les *Contes de Noël* (1936). Il faut noter que ce sont également les années où le critique de la Nouvelle-Angleterre collabore le plus régulièrement et le plus abondamment à des périodiques québécois, en particulier *La revue moderne* (1928-1933) et *L'avenir du Nord* (1929-1935). Durant la même période, DesRochers publie *À l'ombre de l'Orford* (1929) et les critiques de *Paragraphes* (1931). C'est à cette époque aussi qu'il écrit ses principales suites de poèmes, *Le retour de Titus* (publié en 1963), « Nous irons jouer dans l'île », « Échos de chansons mortes » et « Le retour de l'enfant prodigue », séries inachevées dans les années trente et publiées dans *Œuvres poétiques II*, en 1977. Dantin et DesRochers échangent de très nombreux textes (poèmes, récits, contes, articles critiques) dans leur correspondance : ils lisent et annotent ces textes, se donnent des conseils et s'encouragent à publier leurs inédits et leurs manuscrits. DesRochers a soumis à Dantin tous les poèmes d'*À l'ombre de l'Orford* et le critique les a corrigés minutieusement avant que le poète ne les imprime, et c'est Dantin qui a conseillé au poète de Sherbrooke de réunir ses deux recueils et de les publier chez Albert Lévesque en 1930 (il obtiendra le prix David en 1932). De la même manière, c'est DesRochers qui a convaincu Dantin de le laisser publier ses trois « chansons » sur les presses de *La tribune*, qui l'a encouragé à terminer et à publier ses récits et ses contes, qui a persuadé Albert Lévesque d'ajouter à son catalogue les recueils d'études critiques de Dantin, les poèmes du *Coffret de Crusoé* et les *Contes de Noël*.

À la question : « Quel est le rôle de cette correspondance dans la vie et l'œuvre de Dantin et de DesRochers ? », il faut donc répondre sans hésiter qu'il s'agit d'un rôle crucial, puisque la correspondance permet d'échapper à la routine du travail-pour-gagner-son-pain-quotidien ; elle permet également d'échapper à la solitude de l'écrivain (Dantin vit exilé en Nouvelle-Angleterre, DesRochers est plus ou moins marginalisé et isolé dans une ville de province). Elle permet enfin de nourrir l'œuvre littéraire et pousse DesRochers et Dantin à prendre position dans les débats d'idées des années trente : sur l'écriture et l'identité des écrivains, sur la critique littéraire, sur l'édition des textes, sur l'actualité politique et économique, sur la Crise et ses séquelles, etc. Bref : leur correspondance donne à Dantin et à DesRochers un espace de pensée et de rêve, un espace de liberté aussi.

Un baromètre de la Crise

La première remarque que ma relecture de ces quelque deux cents lettres m'amène à faire, c'est qu'elles sont un excellent baromètre de l'état plus ou moins grave de la « dépression » de 1929 à 1935, un indicateur des conditions de vie et de travail des deux écrivains, un témoin de la dichotomie entre littérature-écriture d'une part et besogne quotidienne d'autre part, une dichotomie qui s'installe et qui acquiert de plus en plus d'importance au fur et à mesure que la Crise prend de l'ampleur.

Le krach boursier a lieu en octobre 1929 à New York (le célèbre « jeudi noir », le 24 de ce mois) et marque le début de la Crise qui va déferler sur toute l'Amérique du Nord, sur l'Amérique latine et plus tard sur de nombreux pays européens. À la fin de l'hiver 1930, DesRochers écrit à Dantin : « Nous avons eu un mois de mars abrutissant et les perspectives d'avril ne sont guère mieux. La dépression commerciale nous force à travailler comme deux pour maintenir nos chiffres de l'an dernier[4]. » En janvier 1931, le poète se voit forcé de « faire un choix » entre la littérature et la « business » :

> C'est un désastre que certaines personnes ne peuvent donner leur mesure à cause des contingences matérielles. Je crois bien que dorénavant, je ne parlerai plus que de *feu mon passé littéraire*. De jour en

jour, je deviens de plus en plus business-man, au point qu'il me faut aujourd'hui faire un choix. Or la réponse est claire : j'ai une famille ; ça prend de l'argent. [...] Je passe la moitié de mes semaines en voyages d'affaires à Montréal et je parviens avec tout ça à abattre plus de travail au bureau que l'an dernier. C'est dire que je dois négliger l'essentiel, l'esprit et le cœur, au profit de l'accidentel, le porte-feuille[5].

Tout au long de l'année 1931, DesRochers répète que « les temps sont durs » et que les « besognes quotidiennes sont de plus en plus absorbantes[6] ». C'est qu'il a choisi, en 1928, de devenir « agent de publicité » à *La tribune* puis a été promu, en 1930, « directeur du service de la publicité » de son journal. Cela lui a certes permis d'augmenter son salaire (30 $ par semaine au début des années trente), mais les responsabilités ont suivi. Il n'est pas rare que DesRochers doive assister à des réunions et à des congrès portant sur la publicité et le journalisme à Montréal, à Toronto et même à New York. C'est ce qui fait que le jeune poète a de moins en moins de temps à consacrer à l'écriture de ses poèmes ou à la rédaction d'articles critiques. DesRochers prend son travail à cœur et, en passionné qu'il est à cet âge, il conçoit et commence même à écrire un livre sur « Le rôle économique du journal dans la vie moderne[7] ».

L'année 1932 montre un DesRochers tout à fait ambivalent au sujet de sa carrière d'écrivain dans le contexte de la crise économique. Tantôt il échafaude un plan pour écrire en quelques mois « Échos de chansons mortes », « un recueil que je veux compléter pour soumettre au jury du prix David », comme il l'avait fait en 1929 pour *À l'ombre de l'Orford* [8]. Tantôt encore, constatant le peu de loisirs que son correspondant et lui ont pour écrire, il envisage de « bûcher présentement autant que possible, tout en ne renonçant pas à toute poursuite littéraire afin de devenir "rentier" à un âge assez peu avancé et ensuite lire et écrire à [son] goût[9] ». À un autre moment, il se décourage tout à fait, il « laisse [la suite poétique] "Le retour de Titus" en plan après avoir écrit quelque 400 vers » et il décide de faire passer ses « ambitions matérielles » avant toute chose[10]. Quels que soient ses mouvements d'humeur, ce sont en fin de compte les événements qui amènent le jeune DesRochers à choisir. En août 1932, il écrit à Dantin qu'il subit à *La tribune* « une baisse de salaire à prendre effet le 1er septembre », comme tous les employés du journal, avec en plus « avis que les vacances payées sont supprimées[11] ». Malgré ce revers de fortune, le poète ne perd pas son sens de l'humour. Il termine sa lettre du mois d'août par la phrase suivante : « Puisque, nonobstant tous les efforts, l'inévitable arrive, je vais reprendre ma vieille philosophie de poursuivre d'abord ma satisfaction, et la fortune ensuite[12]. »

La situation de Louis Dantin n'est pas plus rose aux États-Unis. Bien que son emploi de typographe ne semble pas remis en question par la Crise, il se sent tout de même menacé, comme il l'écrit à son correspondant à la fin de l'année 1932 : « Tout le monde cette année se souhaite la même chose : de pouvoir vivre jusqu'au bout de l'année prochaine sans que la dépression nous écrabouille sur le chemin[13]. » Comme DesRochers, il éprouve beaucoup de difficultés à concilier l'écriture et le dur labeur quotidien. Comme lui, il a peu de loisirs à consacrer à son œuvre de critique et de poète ou de conteur : essentiellement, il écrit le soir, le dimanche, les jours fériés et pendant sa semaine de vacances estivales. Son budget est très serré et, toutes les fois qu'il est question d'argent dans ses échanges avec DesRochers — par exemple, lors de ses deux voyages pour rencontrer des écrivains à Sherbrooke, à l'été 1930 et 1931 —, tout est compté en dollars et en sous[14]. De façon générale, Louis Dantin est toujours fatigué (il a plus du double de l'âge de DesRochers, 65 ans en 1930), ses forces vont en déclinant et il ne jouit d'aucune reconnaissance à titre d'écrivain à Boston. DesRochers profite au moins d'une certaine reconnaissance dans le milieu des écrivains et surtout des poètes au Québec, il fait partie de la Société des poètes canadiens-français de Québec et de l'Association des auteurs canadiens de Montréal, même s'il se plaint par ailleurs de n'être qu'un « protégé » de l'État, ainsi qu'il le rappelle à Dantin en novembre 1932 :

> Samedi dernier il y avait banquet de l'Association des Auteurs, à l'occasion de la semaine du livre et de l'art canadiens. Les lauréats du prix David [Robert Choquette et Alfred DesRochers] étaient supposés être les invités d'honneur. Eh bien, ils tenaient les deux extrêmes

d'une table de 32 convives, venant après la politique, la diplomatie, la bonne entente et la fortune. Nous tenions le simple rôle de protégés, et l'honorable David n'a pas manqué de nous rappeler que les auteurs allaient souvent lui rendre visite pour disposer de leurs livres. Si l'on met en comparaison cette situation et celle des auteurs russes, les mieux traités de tous les nationaux, parce qu'ils sont les plus utiles, on est en droit de se demander sous quel régime est-ce que les pieds gouvernent la tête[15]...

Les effets de la Crise ne font que s'aggraver en 1933 et en 1934, ce qui fait que la situation de Dantin et de DesRochers ne s'améliore pas. Au contraire, « la besogne » est de plus en plus « abrutissante », « l'organisation sociale apparemment sans issue » et « l'augmentation croissante des charges fait que depuis novembre [...], écrit le poète, de beaux projets que j'entends matérialiser de semaine en semaine me servaient de prétexte à retarder[16]... ». DesRochers est maintenant le père d'une famille de six, puis de sept enfants, ses responsabilités de directeur du service de la publicité dévorent tout son temps, il ne sait plus où donner de la tête. Il souffre d'épuisement nerveux et entre à l'hôpital, puis est opéré de l'appendicite à la mi-novembre 1933. Son sens de l'humour reprend le dessus, encore une fois. De retour au travail au début de janvier 1934, après trois semaines de convalescence, il écrit à Dantin : « Depuis une couple de semaines, on dirait que je reprends le dessus. Si ça ne paraît pas dans ma lettre, c'est que je dois ressembler à la crise économique. Il paraît que les choses s'améliorent de 20 % par mois, mais nous ne nous en apercevons pas[17]. » Même son de cloche en 1935 : le poète entreprend des suites de poèmes qu'il laisse en plan, les affaires continuent de fonctionner au ralenti, DesRochers a de moins en moins de temps et d'inclination pour ce qu'il appelle « la littérature créative ».

Dantin socialiste, DesRochers capitaliste ?

Cette Crise qui n'en finit plus n'est pas seulement évoquée par Dantin et DesRochers dans leur correspondance, elle fait l'objet de nombreuses et vives discussions. De novembre 1931 à décembre 1932 en particulier, les deux écrivains échangent une douzaine de longues lettres[18] qui reviennent sans cesse sur le sujet. La Crise peut-elle être résolue par le système capitaliste ? Ou faut-il songer sérieusement à une solution de rechange et mettre en place des mesures énergiques, une nouvelle approche des problèmes, une nouvelle « économie politique » ? Dans ce domaine, nous le verrons, Dantin assume clairement le leadership de la discussion ; DesRochers le disciple, l'étudiant, retourne à des lectures de base…

En août 1929, à une remarque anodine de DesRochers qui écrit que sans la poésie il serait « un ardent socialiste », Dantin répond : « Vous seriez socialiste, dites-vous, si vous n'étiez poète. *Moi, je le suis quand même*, si tant est que ce mot ait un sens clair et défini : mais l'art me permet de l'être avec patience et bonne humeur, la plupart du temps[19]… ». Or, DesRochers ne semble pas sursauter à cet aveu de son correspondant. Il faut attendre novembre 1931 avant que Dantin ne revienne sur le sujet, et l'occasion lui en est fournie par le compte rendu qu'il écrit d'un livre d'Édouard Montpetit, *Pour une doctrine* (1931). Son compte rendu, publié dans *L'avenir du Nord* (Saint-Jérôme) de son ami Jules-Édouard Prévost, s'intitule « L'économie et la morale » et fait pendant à « L'art et la morale », déjà paru. Dantin écrit à DesRochers :

> dans l'un et l'autre cas j'attaque les « prétentions excessives de la morale » (entendez les gardiens officiels et officieux de la morale) à régenter les activités humaines ; et ici j'insinue que la morale, poussée à fond, conduit tout droit au socialisme, comme à la plus juste et à la plus chrétienne des solutions économiques. Imaginez comme ça s'accorde avec la dernière encyclique ! […] Je m'étonne, dans tout ce que je pense et je dis, de toujours me heurter à quelque poteau dogmatique qu'on croirait placé là exprès ! Il faut croire que j'ai un esprit radicalement hétérodoxe[20] !

À cet esprit « radicalement hétérodoxe » et à ses opinions, DesRochers ne peut rester longtemps indifférent, surtout qu'il a lui-même écrit un compte rendu du livre du professeur Montpetit et qu'il a dû prendre position. Il écrit une longue lettre à Dantin où il parle de

socialisme et d'étatisme, des principes du libéralisme, des gouverne-
ments (du Canada et du Québec) et du capitalisme, du mouvement
ouvrier dans ces années de crise. Avec cette lettre, le sujet épineux des
mérites de l'étatisme et du socialisme par rapport au libéralisme et au
capitalisme est maintenant sur le tapis. Plus moyen de se défiler. Dantin
saisit l'importance de cette lettre pour DesRochers et, même s'il a des
articles et des comptes rendus pressants à terminer, il répond directement dans les marges de la lettre de DesRochers et la retourne aussitôt à son correspondant. Les positions du jeune écrivain ne sont pas
toujours bien documentées, mais elles sont claires : il est conscient
que, dans le système capitaliste, « l'unité de valeur n'est pas la vie ou
le bien-être humains, mais $ » ; que « les gouvernements seront tou-
jours du côté du capital », refusant le droit d'union aux ouvriers et
pouvant prendre légalement tous les moyens pour briser les syndicats
existants ; que les principes du libéralisme politique sont ceux auxquels il adhère spontanément et qu'il ne peut concevoir, « à notre
époque, d'autres formes de socialisme que l'étatisme[21] ». Dans la conclusion de son compte rendu de *Pour une doctrine*, il est prêt à
admettre, mais sans plus, que « les palliatifs au malaise actuel, prêchés
par Montpetit, ne peuvent aboutir qu'à un soulagement temporaire.
Pour moi, tranche DesRochers, c'est l'un ou l'autre : ou il faut le
libéralisme le plus large, ou le socialisme le plus pur[22] ».

Le poète de Sherbrooke revient à la charge quelques jours plus
tard et écrit une lettre où il parle du « matérialisme pragmatique » de
Marx (« la théorie qui me frappe le plus parce que je crois en suivre à
vue d'œil l'évolution »), de la « lutte des classes » sociales, de
« l'abolition des classes [qui] sera l'épanouissement ultime de la société ». Mais, constate DesRochers, « à voir agir le monde autour de
moi, je ne puis concevoir que ce soit réalisable de mon temps[23] ». À
lire ces lettres, on ne peut qu'être frappé par le vocabulaire politique
employé par le poète, surprenant chez un autodidacte de trente ans.
D'où lui vient ce vocabulaire ? A-t-il lu Marx ? Quelles autres lectures
a-t-il faites en 1930 et en 1931 ? En outre, il faut admirer la retenue de
Dantin dans ses échanges avec DesRochers. Il est manifeste que le
critique maîtrise le mieux le vocabulaire et les concepts politiques et

économiques utilisés par les deux écrivains. Il a à la fois plus de con-
naissances dans ces domaines et plus d'expérience que le jeune poète.
Or, il se contente d'annoter la longue lettre du 16 novembre 1931 de
DesRochers, ou d'ajouter un commentaire comme le suivant :

> Nos gouvernants, sous le système capitaliste, sont toujours, quoi qu'ils
> fassent, les représentants du capital. Sous le socialisme, les gouver-
> nants seraient les directeurs d'une société tout autre, ayant un but
> nettement différent, celui du bien-être pour le plus grand nombre, et
> devraient forcément servir ce but[24].

Au printemps 1932, lorsque DesRochers lui écrit que, « par le
temps qui court, je m'aménage un cabinet de lecture, avec l'espoir que
la flamme reviendra… et j'*étudie l'économie politique avec rage*[25] »,
Dantin ne peut s'empêcher de l'encourager dans ses lectures et de lui
donner une leçon d'autonomie et de rigueur intellectuelle dans son
étude de l'économie politique :

> au cours de votre examen, je suis sûr que vous n'irez pas chercher
> votre information sur les différentes doctrines dans les écrits de leurs
> adversaires, ce qui est bien le moyen de ne jamais rien savoir… Re-
> monter aux sources, laisser chaque chef d'école expliquer et plaider sa
> cause, et puis comparer et choisir : cela seul est capable de laisser des
> notions exactes et convictions raisonnées[26].

Au cours des mois de mai, juin et juillet 1932, Dantin sera le guide de
DesRochers dans son étude de l'économie politique et lui suggérera
les auteurs américains et anglais suivants : Cole, Fargo, Henry George,
Robert Owen, Bernard Shaw, Norman Thomas, Sydney Webb et quelques autres représentants de la *Fabian School* britannique. Et quelle
n'est pas la surprise de Dantin d'apprendre que le poète de Sherbrooke
s'est inscrit à un cours d'économie politique donné par correspondance par l'École des hautes études commerciales de Montréal, qu'il a
comme projet de traduire *Progress and Poverty* de Henry George —
« le plus lumineux exposant, à mon sens, d'un socialisme logique » —,
et surtout qu'il lit Karl Marx[27] !

Dantin ne peut cacher son admiration et répond aussitôt à la lettre de DesRochers :

> Je crois que j'avais tort de craindre que vous ne remontiez aux sources dans vos études économiques. Vous avez lu jusqu'à Karl Marx ! C'est un devoir, sans doute, pour quiconque veut être informé. Mais les théories de Karl Marx, comme vous l'avez constaté, participent au chaos, qui contient seulement des germes de lumière : elles ont l'obscurité de toutes les prophéties. Karl Marx est au socialisme ce que l'autre Allemand, Hegel, est à la philosophie : un exposant qui semble avoir pour but de rendre embrouillées des choses claires pour les faire paraître plus profondes. Au contraire, rien n'est plus profond que ce qui est clair et c'est ce que seul, parmi les Allemands, Schopenhauer a proclamé ! On en sait moins sur le socialisme après avoir lu Karl Marx qu'après vingt-cinq pages de Sydney Webb, de Bernard Shaw ou de Fargo. La seule thèse bien intelligible de Marx, son interprétation économique de l'histoire, contient beaucoup de vérité, mais pèche par son exclusivisme et son extension excessive — à la façon de Freud réduisant *toute* l'activité humaine à l'impulsion du sexe[28].

Il en profite pour faire une véritable profession de foi envers le socialisme, qui a *pour but* « le maximum de bien-être pour le plus grand nombre et le dénuement pour personne », *pour moyen* « la coordination des forces sociales [...], la coopération harmonieuse des efforts individuels au lieu de leur compétition brutale », *pour principe* « le droit à la vie pour chaque membre du corps social, correspondant au devoir du travail pour lequel il est le plus apte », et *pour idéal* « la fraternité humaine devenue un fait au lieu d'une doctrine, l'égoïsme et la culpabilité refoulés, combattus au lieu d'être la force motrice qui meut tout et règne sur tout[29] ».

Surtout, Dantin, connaissant les lectures et les opinions de DesRochers, sait maintenant qu'il peut aller beaucoup plus loin dans l'affirmation de ses propres convictions. Très tôt, en effet, Dantin va beaucoup plus loin. Dans une longue lettre du 25 juin 1932, il explique à son correspondant que les socialistes américains sont « très modérés » :

ils répugnent à toute violence ; ils caressent l'espoir de gagner l'opinion publique à leur cause par la seule force de sa logique et sans sortir des moyens légaux ; [...] ils prêchent la nationalisation de l'industrie, mais avec dédommagement aux propriétaires, etc.[30]

Or, poursuit Dantin, ce sont là des choses toutes « bonnes et belles en soi, mais qui sont toujours dépassées quand quelque bouleversement s'opère dans les institutions[31] ». Enfin, le guide de DesRochers va au bout de sa pensée et avoue que « la meilleure étude du socialisme, c'est de le suivre dans son fonctionnement actuel, non plus en théorie, mais réalité accomplie, dans la nation russe », car le communisme russe n'est, « en fait, que le socialisme pur et simple mis en action par tout un peuple[32] ». Il n'y a, selon Dantin, aucune différence qui compte « entre le programme de Lénine et celui du plus modéré des "laborites" (des membres du parti travailliste anglais) » ou, s'il y a une différence, c'est « dans la méthode, dans les moyens d'action ». La seule chose qui est agaçante chez les communistes, c'est « leur manie d'aller trop vite, de vouloir tout chambarder d'un coup, de refuser [...] tout progrès graduel et partiel... ». Pourtant, conclut-il dans sa lettre à DesRochers, « il faut avouer que les grandes choses, le plus souvent, s'accomplissent par les fous, non par les sages et les opportunistes[33] ».

Il faut admettre qu'en pleine crise économique il est difficile d'aller plus loin, de la part de Dantin, dans l'aveu franc et direct de ses convictions politiques et économiques. À l'automne 1932, DesRochers écrit à son correspondant qu'il est de plus en plus passionné d'économie politique et qu'il vient d'acheter « pour une cinquantaine de dollars » de livres et d'abonnements à diverses revues économiques[34]. Dantin demande à DesRochers, dans sa lettre suivante, « s'il est bien nécessaire d'approfondir toutes ces théories », car à son avis, une fois le socialisme établi, « elles s'effondrent et deviennent l'histoire du passé ». Il y a le point de vue socialiste et le point de vue capitaliste : ce sont là « deux économies politiques toutes contraires, deux sciences qui s'excluent l'une l'autre », précise Dantin. Dans ces conditions, est-ce que « vos cinquante dollars » sont « justifiables[35] » ? DesRochers réplique quelques jours plus tard que l'étude de l'économie politique capitaliste lui semble au contraire « essentielle à quiconque se sent incliné vers le socialisme », parce qu'il faut « connaître à fond les arguments capitalistes [...] pour en montrer l'inanité ». Il va jusqu'à affirmer que « l'avenir est au collectivisme tel que pratiqué en Russie » — DesRochers n'utilise jamais le mot communisme —, mais à son avis ce collectivisme « ne peut pas supprimer tout l'outillage capitaliste » (le capital, le salariat, la division du travail, l'échange, la monnaie), il doit plutôt « se l'adapter[36] ».

Après un an de discussions sur le sujet de l'économie politique, Dantin se rend compte que tout a été dit. Les points de vue et l'expérience de DesRochers et de Dantin diffèrent, les deux écrivains ne peuvent pas en venir aux mêmes conclusions. Le « guide » écrit une dernière longue lettre où il explique patiemment son point de vue, fait ressortir les points de désaccord entre les deux correspondants, puis conclut, poliment mais fermement :

> comme je vous l'ai dit tout d'abord, si vous êtes à former vos opinions, à opter, *encore indécis*, entre deux systèmes, alors vous êtes louable de les étudier l'un et l'autre, aussi sérieusement que vous pouvez. J'en juge, moi, d'après l'expérience d'une vie, et d'après des vues générales qu'on trouve dans le bon sens commun plutôt que dans les livres[37].

Un seul autre échange aura lieu entre les deux écrivains sur le sujet, un an plus tard, à l'automne 1933. C'est alors Dantin qui, astucieusement, aborde la question en demandant à DesRochers où il en est dans ses études économiques, car, ajoute-t-il, « cette pauvre économie reçoit à l'heure qu'il est de rudes secousses, elle ne sait vraiment plus si elle existe ; même les étudiants de Harvard la délaissent, constatant qu'elle n'a pas plus de fixité qu'une girouette[38] ». DesRochers lui répond dix jours plus tard que, « comme les étudiants de Harvard et les collaborateurs de magazines », il a « abandonné l'économie ». Sa passion est l'artisanat et la lecture : « j'emploie mes loisirs à façonner toutes sortes d'objets de bois et à entretenir la maison. Mes lectures [se font] dans les périodiques usuels : *Nation*, *Harper's* et *Atlantic Monthlies*, *Forum*, *American Spectator*, *le Ca-*

nada et *le Devoir*. » Et il conclut sa lettre en affirmant : « j'incline politiquement de plus en plus vers la gauche[39] ».

Les solutions à la crise économique

Dantin et DesRochers n'ont pas que des discussions sur les théories en économie politique et sur leur lecture des essayistes et des spécialistes en ce domaine. Ils vivent, chacun dans son pays, dans un climat de crise qui va en s'aggravant du début au milieu des années trente, crise à laquelle on essaie tant bien que mal de trouver des solutions, tant au Canada qu'aux États-Unis. Dans les années 1933 et 1934 en particulier, les deux écrivains suivent de près le discours de l'Église, des autorités politiques, des chefs syndicaux et des autres leaders d'opinion en ce qui concerne la Crise et les moyens préconisés pour sortir les économies et les sociétés capitalistes de l'impasse. Malheureusement, ce n'est pas du tout chose facile...

DesRochers ne se gêne pas pour proclamer haut et fort qu'il est d'obédience libérale et, de ce fait, qu'il n'a aucune affinité avec le groupe de la revue *L'action française* des années vingt. Selon lui, ce groupe, dont Édouard Montpetit fait partie, « déteste la France contemporaine[40] », c'est-à-dire la France libérale et pluraliste, laïque. Il se méfie des « Jeune-Canada », ainsi que des alliances entre les groupes et ligues nationalistes et le clergé catholique :

> Quelqu'un au Canada aura-t-il l'audace de proclamer que nationalisme et catholicisme sont aux antipodes et qu'un mouvement nationaliste dirigé par un clergé catholique est voué à la faillite parce qu'absolument faux [41] ?

DesRochers craint même que le nationalisme de droite, les discours « patriotards » et certaines tendances antisémites menacent la démocratie[42]. En novembre 1933, il écrit à Dantin que le journal *Le Canada* (Olivar Asselin, Albert Pelletier) « ne laisse pratiquement pas passer un jour sans déblatérer contre la démocratie ». « Et pourtant, ajoute-t-il, qu'est-il, sinon une créature de la démocratie ? » Les « idées libérales

fouent [*sic*] le camp » et « ça devient intolérable, conclut-il. Nous
filons droit au facisme [*sic*][43]. » C'est dans ce contexte que le poète de
Sherbrooke s'oppose au livre d'Albert Lévesque, son éditeur, intitulé
La nation canadienne-française (deux éditions en 1934). Dans une
lettre à Dantin, après sa critique du livre parue dans *La tribune* du 16
juin 1934, il développe sa thèse du « Canadien tout-court » que Dantin
met en pièces dans sa lettre suivante[44].

Mais alors, selon DesRochers, quels leaders, quels partis politiques, quels groupes doivent parler au nom du Québec dans les années
trente et quelles sont les solutions à la crise économique ? Certainement pas celle de l'Église catholique qui préconise le retour à la terre.
DesRochers ne nie pas qu'il s'agit peut-être d'un moyen individuel ou
familial pour échapper au sous-emploi et à la misère dans les villes,
mais la « colonisation » n'est pas à son avis « un moyen social » :

> pour l'immense majorité du prolétariat — et c'est cela qui à mon sens
> nécessite des moyens sociaux — c'est une faillite prouvée d'avance.
> Seulement il y a une douzaine de Mgr qui ont écrit des lettres pastorales
> pour encourager la colonisation… Qu'iraient faire ces gens sur des
> terres ? Accroître le surplus de produits agricoles dont le marché est
> encombré[45] ?

« La constitution d'un pays autonome de langue française » qui possé-
derait tous les leviers de son développement « serait la solution idéale »,
écrit-il dans une lettre à Dantin en août 1934, mais uniquement « s'il
n'y avait pas le danger d'un gouvernement réactionnaire auprès duquel l'Italie fasciste et l'Autriche seraient des terres de liberté[46] ». Ne
faisant confiance finalement ni à l'Église ni aux partis politiques,
DesRochers ne voit que les « unions ouvrières » pour établir des rapports équitables entre le capital et le travail :

> Et si, pour obtenir cette justice, les ouvriers ont besoin de former un
> parti politique, de s'emparer du gouvernement et d'établir une nou-
> velle distribution des sources de richesse, que ce soit par des corpora-
> tions coopératives, par des taxes ne frappant que les profiteurs, par
> l'établissement du socialisme, en un mot, qu'ils fassent tout cela[47].

DesRochers n'a pas écrit cela à Dantin en 1933 ou en 1934, mais à la fin de 1931. « Le problème, poursuit-il, c'est qu'actuellement, [au Québec], les unions dites internationales sont en train d'être [mises à la porte], pour faire place à des unions dites nationales, dont la fin réelle, quand on les voit agir, est de maintenir l'ordre existant[48]. »

De son côté, est-ce que Louis Dantin, aux États-Unis, voit poindre une solution à la Crise ? Certainement pas sur le front politique, comme il l'écrit à DesRochers dans une lettre de juillet 1932 où il constate l'impuissance et le manque de volonté des partis politiques à « sortir de la dépression » :

> Ce qu'on tourne autour de cette crise, ce qu'on gratte son écorce, ce qu'on étaie les coins menacés à mesure qu'ils chambranlent, ce qu'on cherche surtout à l'ignorer, à la nier !... Personne qui la regarde et qui l'attaque en face, dans un siège résolu, ordonné, organisé ! C'est que, voyez-vous, organiser ce serait socialiser[49]...

L'impasse est encore plus grande du côté de l'Église catholique, qui n'a rien à proposer pendant la Crise, car elle est en retard sur tout : « soyez sûr qu'enfin, *après un très long temps*, tout le monde sera sorti du marais [de la Crise] que l'Église y sera encore, nous invitant à y entrer[50]... ». La Crise s'aggrave à ce point, les États-Unis s'enfoncent à une telle profondeur dans la « dépression » que Dantin ne peut pas croire, au début de 1933, que le socialisme ne parvienne à « s'imposer » et à « grandir », sous l'effet de « poussées irrésistibles[51] », écrit-il.

Cependant il n'avait pas prévu l'arrivée au pouvoir de Franklin Delano Roosevelt (1882-1945) comme président des États-Unis, en 1932, et sa politique du *New Deal*, en 1933. Roosevelt prépara un programme économique et social de lutte contre la Crise destiné à relancer la consommation et l'investissement, mais aussi à réformer le système ultralibéral du capitalisme américain par l'intervention du pouvoir fédéral dans l'économie. Les cent jours qui suivirent l'accession à la présidence de Roosevelt, de mars à juin 1933, furent marqués par une série de mesures d'urgence spectaculaires. Or, les lettres de Dantin à DesRochers, pendant l'été 1933, rendent compte des effets de ces mesures d'urgence. Les « expériences politico-sociales » de Roosevelt suscitent des « réactions contradictoires », écrit Dantin en juin 1933, mais elles ont au moins le mérite de « nous soulager de la stagnation où nous étions prêts à sombrer[52] ». Surtout, admet Dantin, « sauver le capitalisme par le socialisme, c'est un programme qui a l'air insensé, mais qui pourtant constitue la dernière ressource d'un capitalisme aux abois, positivement impuissant à se sauver lui-même[53] ». En juillet et en août de la même année, Dantin doit se rendre à l'évidence : « les efforts surhumains » de Roosevelt « pourraient fournir un sursis de vie aux vieilles institutions croulantes s'ils avaient seulement un demi-succès[54] ». Il s'agit d'une observation tout à fait juste, puisque c'est exactement ce qui se produira aux États-Unis.

Le jeune DesRochers, lui, ira plus loin que Dantin, son aîné de trente-six ans. Il ne se contentera pas de témoigner des difficiles conditions de vie de la « dépression », de suggérer des solutions à cette Crise. Il voudra passer à l'action, devenir un « socialiste actif » en se servant de ce qu'il connaît le mieux, l'écriture et le journalisme. En 1932, au beau milieu de ses lectures et de ses études en économie politique, il écrit à Dantin qu'il ne serait « pas du tout surpris de [se] trouver un de ces bons matins décidé à faire de la politique socialiste dans la province de Québec[55] ». En avril 1933, il confie à son correspondant que le poème qu'il est en train d'écrire, « Le retour de Titus », est une « machine à clefs, dans le genre qu'affectionnait Vigny », car, « sous le masque des personnages anciens, ce sont des préoccupations bien présentes que je veux peindre[56] ». En fait, la troisième partie du long poème

> est ni plus ni moins, en intention toujours, qu'un plaidoyer pour le socialisme économique en même temps qu'un réquisitoire pour la liberté de l'esprit. [...] Ce poème marquera peut-être mon entrée définitive dans les rangs du socialisme militant. Je suis actuellement en correspondance avec les chefs du mouvement solidariste, Cooperative Commonwealth Federation [l'ancêtre du Nouveau parti démocratique], en vue de lancer un journal à tendances radicales dans la province[57].

Or, ce projet n'est pas du tout fantaisiste, puisque DesRochers revient à la charge un mois plus tard et affirme que cette « feuille socialiste » pourrait « devenir une réalité avant très longtemps », lui-même étant en correspondance avec « Woodsworth, chef du mouvement solidariste, et avec son lieutenant québécois, à ce sujet[58] ».

Dantin prend le projet et la lettre de DesRochers très au sérieux, puisqu'il lui réplique aussitôt :

> Je vous avoue que votre projet de fonder une feuille socialiste me donne la chair de poule. Rien sans doute ne serait plus utile, plus nécessaire ; mais rien ne serait plus dangereux : et que vous deviez être la victime choisie pour ce sacrifice humain m'effraie d'avance pour vous. Ce serait du dévouement pur [...] qui vous condamnerait à l'ostracisme, à la persécution, sort immanquable des précurseurs. Si vous avez la vocation au martyre, et alors seulement, donnez suite à cette idée généreuse... Vos songes de Titus et Bérénice sont moins périlleux, même si vous entendez en faire des allégories humani-taires[59].

Qu'à cela ne tienne, le jeune poète continue de parler à Dantin de son projet à l'été et à l'automne 1933. Puis, pas un mot en 1934 jusqu'à ce que l'occasion se présente... Cette occasion, c'est le congédiement du gérant de *La tribune*, M. Florian Fortin, un ami de DesRochers, à l'automne 1934. Celui-ci, dégoûté, démissionne de son poste en no-vembre avec l'idée de « lancer un hebdomadaire à Sherbrooke dès les premières semaines de janvier [1935][60] ». Malheureusement, sans mise de fonds assurée, sans l'aide d'associés dans cette aventure, l'hebdo *Le progrès de l'Est* est un échec. DesRochers revient à *La tribune* en juin 1935 et ne quittera le journal que pour entrer dans l'armée cana-dienne, en 1942. La correspondance entre lui et Dantin cesse de 1935 à 1939.

La pénétration de la littérature et de la culture américaines

La lecture de plus de deux cents lettres échangées par Dantin et DesRochers pendant les années de la Crise peut donner lieu à plu-sieurs constats. Le plus important et le plus original, par rapport à la littérature québécoise du début du XXe siècle, me semble être l'apport de plus en plus grand de la littérature et surtout de la culture américaines. Nous avons vu que les lectures et les discussions de politique et d'économie politique menées par DesRochers et Dantin dans plusieurs lettres, de 1930 à 1934, se font à partir d'auteurs et d'essayistes américains (plus quelques Britanniques), ou alors à partir d'auteurs étrangers, comme Marx, traduits en anglais par des Américains et publiés aux États-Unis. De même, le jeune DesRochers parle de « dépression » économique, de journalisme et de publicité, de monde des affaires et du commerce, et même de littérature et de poésie, de plus en plus à partir de modèles états-uniens, les pieds bien enracinés en terre nord-américaine.

L'axe nord-sud et l'imaginaire américain, dans la période de l'entre-deux-guerres et surtout pendant les années de la Crise, ont été déterminants pour le groupe d'écrivains que DesRochers a appelés plus tard les « individualistes de 1925 », c'est-à-dire Robert Choquette, Alfred DesRochers, Rosaire Dion-Lévesque, Jovette Bernier, Alice Lemieux, Simone Routier et Éva Senécal[61]. Dans les œuvres des hommes poètes beaucoup plus que pour les femmes, cet imaginaire américain a laissé plusieurs traces. Les grands espaces nord-américains, les mythes amérindiens, l'influence des modes et des tendances littéraires américaines se retrouvent dans *À travers les vents* (1925), *Metropolitan Museum* (1931) et *Poésies nouvelles* (1933) de Robert Choquette (lui-même né à Manchester, au New Hampshire, en 1905), dans *Les oasis* (1930) et *Petite suite marine* (s.d.) de Rosaire Dion-Lévesque, et surtout dans ses traductions de *Walt Whitman* (1933) et dans ses nombreux articles parus dans les journaux et revues de la Nouvelle-Angleterre (en particulier à Nashua, au New Hampshire, où Dion-Lévesque habita toute sa vie).

Dans le cas de DesRochers, la preuve de cet imaginaire américain n'est plus à faire. Dans sa correspondance avec Dantin, les deux écrivains parlent régulièrement de leurs lectures d'auteurs américains, surtout des poètes, des critiques, des romanciers et des essayistes. On constate que le jeune poète, après avoir dévoré les romantiques, les parnassiens et les décadents français dans les années vingt, lit au début des années trente Stephen Crane, T.S. Eliot, Vachel Lindsay, Archibald

MacLeish, Ezra Pound, Carl Sandburg, Walt Whitman, pour ne citer que les plus connus (mais aussi Fletcher, Gould, Witter, etc.). Certaines suites de poèmes des années trente se situent directement dans le sillage de modes américaines, comme le « roman lyrique » dans le cas de la série « Nous irons jouer dans l'île » et la poésie hermétique dans le cas d'« Échos de chansons mortes ». Et je ne parle pas des longs poèmes lyrico-épiques connus de DesRochers, « Hymne au vent du Nord » et « Ma patrie », où l'imaginaire nord-américain est omniprésent. Louis Dantin, pour sa part, dans sa dernière série d'articles critiques publiés à titre de collaborateur du *Jour*, de 1938 à 1942, fait des comptes rendus de livres américains.

De ce point de vue, le krach et la « dépression » américaine ont été des événements déclencheurs, qu'il faut ajouter à d'autres phénomènes comme l'interdépendance croissante des économies québécoise et américaine à compter des années vingt et les grandes vagues de migration du Québec vers les états de la Nouvelle-Angleterre, qui ont amené des centaines de milliers de Québécois (jusqu'à un million et demi de personnes, selon certaines estimations) à s'installer de façon permanente aux États-Unis. La correspondance Dantin-DesRochers rend compte d'une pénétration de plus en plus grande de la culture et des modes de vie américains au Québec. Les échanges désormais ne se font plus seulement avec l'ancienne mère patrie, à l'est, avec nos « cousins » d'Outre-Atlantique, mais vers le sud, avec nos voisins de la Nouvelle-Angleterre, de façon privilégiée avec des parents, des frères, des sœurs de familles québécoises nouvellement américaines, bientôt complètement américanisées.

*Notes*_____

1. *L'offrande aux vierges folles*, Sherbrooke, Chez l'auteur, coll. « Les cahiers bleus », 1928, 60 p.

2. Les 124 lettres de Louis Dantin se trouvent toutes dans le fonds Alfred-DesRochers déposé aux Archives nationales du Québec à Sherbrooke (ANQ-S) ; les 106 lettres de DesRochers sont dans le fonds Gabriel-Nadeau (le légataire des papiers de Dantin) déposé à

la Bibliothèque nationale du Québec à Montréal (BNQ-M). Ces fonds très riches contiennent aussi des poèmes, des contes, des découpures de presse, des manuscrits et des éléments de la correspondance familiale de Dantin et de DesRochers.

3. Voir Richard Giguère, « Alfred DesRochers et la critique cléricale de son temps. Censure et autocensure de *L'offrande aux vierges folles* (1928) », dans Benoît Melançon et Pierre Popovic (édit.), *Les facultés des lettres. Recherches récentes sur l'épistolaire français et québécois*, Montréal, Université de Montréal, Département d'études françaises, Centre universitaire pour la sociopoétique de l'épistolaire et des correspondances, février 1993, p. 163-181.

4. Lettre de DesRochers à Dantin, 1er avril 1930, BNQ-M.

5. Lettre de DesRochers à Dantin, 24 janvier 1931, BNQ-M.

6. Lettres de DesRochers à Dantin, 12 juin 1931 et 26 septembre 1931, BNQ-M.

7. Voir sa lettre à Dantin du 16 novembre 1931, BNQ-M. DesRochers ne s'est jamais considéré comme « un journaliste d'idées », comme certains écrivains français (Daudet ou Zola). Il se voit plutôt comme un « *newspaperman* », au sens américain du mot.

8. Lettre de DesRochers à Dantin, 2 janvier 1932, BNQ-M.

9. *Ibid.*

10. Lettre de DesRochers à Dantin, 10 mai 1932, BNQ-M.

11. Lettre de DesRochers à Dantin, 26 août 1932, BNQ-M. Selon une lettre de sa correspondance avec Émile Coderre, les coupures dans la rémunération des employés de *La tribune* seraient d'environ un tiers du salaire annuel.

12. *Ibid.*

13. Lettre de Dantin à DesRochers, 13 décembre 1932, ANQ-S.

14. C'est une caractéristique de toutes les correspondances de DesRochers (avec Albert Pelletier, Émile Coderre, Simone Routier, etc.) dans les années trente, mais Louis Dantin semble le plus désargenté de tous les écrivains avec lesquels DesRochers correspond.

15. Lettre de DesRochers à Dantin, 11 novembre 1932, BNQ-M.

16. Lettre de DesRochers à Dantin, 18 avril 1933, BNQ-M. On peut facilement imaginer ce que représentait pour les écrivains le fait de gagner le prix David, une distinction qui était accompagnée d'un montant de 1700 $, l'équivalent d'une année de salaire pour DesRochers ! Celui-ci a dû partager ce montant avec Robert Choquette en 1932…

17. Lettre de DesRochers à Dantin, 10 janvier 1934, BNQ-M.

18. Dantin remplit à la main deux à trois feuillets de 21 cm par 28, pliés en deux, c'est-à-dire huit à dix pages de texte ; DesRochers tape à la machine, à simple interligne, deux à trois feuillets (21 cm par 28) de texte serré.

19. Lettre de Dantin à DesRochers, 15 août 1929, ANQ-S. C'est moi qui souligne.

20. Lettre de Dantin à DesRochers, 8 novembre 1931 (recopiée à la machine par le père Yves Garon), ANQ-S.

21. Lettre de DesRochers à Dantin, 16 novembre 1931, BNQ-M.

22. *Ibid.*

23. Lettre de DesRochers à Dantin, 20 novembre 1931, BNQ-M.

24. Lettre de DesRochers à Dantin (note dans la marge écrite de la main de Dantin), 16 novembre 1931, BNQ-M.

25. Lettre de DesRochers à Dantin, 10 mai 1932, BNQ-M. C'est moi qui souligne.

26. Lettre de Dantin à DesRochers, 15 mai 1932, ANQ-S.

27. Lettre de DesRochers à Dantin, 25 mai 1932, BNQ-M : « J'ai lu Karl Marx, mais en anglais, écrit DesRochers, et je le trouve très difficile. Sa théorie de surplus-value [*sic*] est très difficile à saisir. » Un mois plus tard, il explique à Dantin : « Cole a écrit une très belle intro-duction à l'étude de Marx, sans laquelle je crains que je n'aurais rien compris du tout à *Capital* » (lettre de DesRochers à Dantin, 21 juin 1932, BNQ-M).

28. Lettre de Dantin à DesRochers, 27 mai 1932, ANQ-S.

29. Lettre de Dantin à DesRochers, 25 juin 1932, ANQ-S.

30. *Ibid.*

31. *Ibid.*

32. *Ibid.*

33. *Ibid.*

34. Dans sa lettre du 11 novembre 1932 à Dantin (BNQ-M), il men-tionne *Treatise on Money* de Maynard Keynes, des cours d'économie politique de Charles Gide et de Vilfredo Pareto.

35. Lettre de Dantin à DesRochers, 28 novembre 1932, ANQ-S.

36. Lettre de DesRochers à Dantin, 3 décembre 1932, BNQ-M.

37. Lettre de Dantin à DesRochers, 13 décembre 1932, ANQ-S. C'est moi qui souligne.

38. Lettre de Dantin à DesRochers, 19 octobre 1933, ANQ-S.

39. Lettre de DesRochers à Dantin, 2 novembre 1933, BNQ-M.

Lettre de DesRochers à Dantin, 16 novembre 1931, BNQ-M.

Lettre de DesRochers à Dantin, 12 juin 1933, BNQ-M.

Voir la lettre de DesRochers à Dantin, 3 juillet 1933, BNQ-M.

Lettre de DesRochers à Dantin, 3 novembre 1933, BNQ-M.

44 . Voir la lettre de DesRochers à Dantin du 16 juillet 1934 (BNQ-M) et la réponse du critique dans sa lettre à DesRochers du 19 juillet 1934 (ANQ-S). La critique de Dantin consacrée à *La nation canadienne-française*, parue dans *L'avenir du Nord* du 13 juillet 1934, est favorable à l'essai de Lévesque.

Lettre de DesRochers à Dantin, 3 juillet 1934, BNQ-M.

Lettre de DesRochers à Dantin, 13 août 1934, BNQ-M.

Lettre de DesRochers à Dantin, 16 novembre 1931, BNQ-M.

48 . *Ibid.*

Lettre de Dantin à DesRochers, 11 juillet 1932, ANQ-S.

50 . *Ibid.*

Lettre de Dantin à DesRochers, 17 avril 1933, ANQ-S.

Lettre de Dantin à DesRochers, 23 juin 1933, ANQ-S.

53 . *Ibid.*

Lettre de Dantin à DesRochers, 26 juillet 1933, ANQ-S.

55 . Il ajoute que son ami Rosaire Dion « se passionne de plus en plus pour Walt Whitman et le mouvement prolétarien » et que Dion est « en correspondance suivie avec Vandermaesen, chef ouvrier en Belgique ». Lettre de DesRochers à Dantin, 11 novembre 1932, BNQ-M.

Lettre de DesRochers à Dantin, 18 avril 1933, BNQ-M.

57 . *Ibid.*

Lettre de DesRochers à Dantin, 15 mai 1933, BNQ-M.

Lettre de Dantin à DesRochers, 28 avril 1933, ANQ-S.

60 . Lettre de DesRochers à Dantin, sans date (entre le 15 et 20 novembre 1934), BNQ-M.

61 . Voir ses articles intitulés « Les "individualistes" de 1925 » (*Le devoir*, 24 novembre 1951, p. 9) et « Louis Dantin et la "génération perdue" » (*Les carnets viatoriens*, 17, 3, octobre 1952, p. 120-127).

Configurations épistolaires et champ littéraire : les cas d'Alfred DesRochers et de Saint-Denys Garneau

Michel Biron

Le 30 juin 1934, le critique Louvigny de Montigny écrit à son « cher ami », l'Honorable Honoré Mercier[1], alors ministre des Terres et des Forêts du Québec, pour obtenir une faveur spéciale : il demande au gouvernement de rebaptiser un lac des Laurentides en l'honneur de Marie LeFranc, afin de souligner la contribution de celle-ci aux lettres canadiennes-françaises. Comme le lac en question portait un nom anglais (le « Blue Sea Lake »), le critique y voyait une occasion peu coûteuse d'embellir (c'est-à-dire de franciser) la toponymie de nos innombrables lacs tout en récompensant le talent littéraire (le prix France-Québec n'existant pas encore à l'époque). Malheureusement, la Commission de la géographie ne donna pas suite à la requête, si bien qu'il n'y eut jamais, sauf erreur, de lac Marie-LeFranc.

L'anecdote n'en est pas moins intéressante du point de vue de la sociologie littéraire, car, au-delà du caractère pittoresque de la gratitude escomptée, la lettre de Louvigny de Montigny trahit un réflexe d'écrivain qui paraît contredire l'autonomie de la littérature dite moderne. À l'évidence, la littérature ne s'est pas encore affranchie en

1934 de la tutelle politique, puisque Louvigny de Montigny se tourne spontanément du côté du gouvernement pour enrichir le patrimoine littéraire local. Verdict du sociologue : la littérature québécoise de cette époque ne s'était toujours pas organisée de façon qu'il existât un lieu proprement littéraire comparable à ce que Pierre Bourdieu appelle la sphère de production restreinte. La théorie du champ littéraire moderne aurait vite fait de classer un anachronisme aussi flagrant, qui va incontestablement à contre-courant de l'autonomisation des pratiques littéraires. Mais le schéma bourdieusien, conçu essentiellement pour décrire le fonctionnement de la modernité en France, s'applique-t-il partout de la même façon ? La lettre de Louvigny de Montigny n'exprime-t-elle que l'absence de champ autonome et, plus généralement, la non-modernité de la littérature de l'époque ? Il est permis d'en douter et de postuler que la lettre des années trente, loin de n'être que le signe d'un manque d'autonomie, constitue l'espace même par lequel la littérature québécoise accède à la modernité.

Cette hypothèse suppose que la lettre ne soit pas un simple arrière-lieu de la littérature, une zone protégée en laquelle l'écrivain se retirerait loin de la scène publique. En termes sociologiques, la lettre offre à l'écrivain ce qui lui fait défaut, à savoir une véritable configuration sociale. J'emprunte la notion de « configuration » au sociologue allemand Norbert Elias, qui la définit de façon générale comme une chaîne d'interdépendances entre des individus, par opposition au courant de l'individualisme méthodologique, représenté par Max Weber, ainsi qu'au structuralisme anthropologique. Elias décrit l'évolution humaine à la lumière des configurations sociales plutôt que des individus isolés ou des sociétés considérées comme des structures déterminantes. Ces configurations sont tantôt limitées à quelques personnes (par exemple des joueurs de carte), tantôt étendues à l'échelle des villes et des états (c'est-à-dire des régimes politiques) ou à de vastes systèmes sociaux (via le processus de civilisation occidentale). Le rôle du sociologue consiste alors à décrire et à comprendre une configuration particulière, non pas à partir des règles qui l'établissent en tant que configuration, mais en fonction de « la figure globale toujours changeante que forment les joueurs[2] ». Cette sociologie est donc axée sur la logique évolutive des interdépendances entre individus plutôt que sur une structure préalable (tel le modèle du champ littéraire).

Dans le contexte des années trente au Québec, la lettre n'est pas le versant privé de la littérature : elle sert au contraire à marquer la socialité de l'écrivain. En l'absence de salon littéraire, de revue spécifiquement littéraire (il faut attendre les années 1940 pour que les premières revues de création apparaissent), bref de milieux où les écrivains pourraient socialiser entre eux, c'est à la correspondance que revient le rôle de structurer les relations littéraires. Rien de très nouveau à cela, sans doute ; les réseaux épistolaires existaient depuis longtemps au Québec et se sont naturellement renouvelés de génération en génération. La nouveauté tient davantage au fait que la modernité se dégage à même les diverses configurations épistolaires, la lettre s'imposant comme l'une des formes « fondatrices » de la modernité québécoise et colorant celle-ci des valeurs qui sont les siennes. De quelles valeurs s'agit-il ? En un mot, la lettre permet de faire de la littérature moderne selon un schéma précapitaliste, celui du temps où l'œuvre n'était pas encore devenue cette chose impersonnelle qu'est le livre commercialisé. Qu'elle s'adresse à un ministre comme celle de Louvigny de Montigny ou qu'elle exprime l'admiration d'un écrivain débutant pour un écrivain de métier[3], la lettre familière conserve toujours le souvenir d'une écriture archaïque et d'un échange amical ou, du moins, personnel. Elle appartient au discours le plus contingent, elle évoque le monde le plus actuel, mais dans une forme qui n'a pas d'âge précis, joignant non pas hier à aujourd'hui, mais un passé lointain au mouvement inchoatif de l'écriture. Bref, elle se présente comme un processus et attend de son destinataire non pas seulement qu'il la lise ou la relise, ni même qu'il se contente d'y répondre, mais qu'il la relance indéfiniment.

Alfred DesRochers

Deux configurations fort différentes l'une de l'autre serviront ici d'exemples pour illustrer à quel point la lettre se déploie au cœur de la modernité québécoise et communique à l'œuvre quelque chose d'elle-même. La première se déploie autour d'Alfred DesRochers, qui dédicace l'édition originale de son recueil *À l'ombre de l'Orford* dans les termes suivants : « À MON TRÈS CHER AMI ÉMILE CODERRE et par son entremise à tous ceux qui m'intéressent. » Cette dédicace a ceci de particulier, nous apprend Richard Giguère, qu'elle s'est rapidement transformée en une lettre de souhaits pour l'année 1930. Et pas seulement pour Émile Coderre (alias Jean Narrache) : le livre, tiré d'abord à compte d'auteur, s'adresse directement aux « soixante-dix-huit personnes, en Canada, qui lisent des vers canadiens ». D'où cette autre dédicace sur la couverture du livre : « Les Étrennes d'Alfred DesRochers à ses parents, ses bienfaiteurs, ses amis et ses connaissances pour le jour de l'an de grâce 1930. » Ce n'est pas tout : chaque exemplaire, numéroté de 1 à 78, contient une longue lettre circulaire pliée, simplement insérée à l'intérieur du volume. Au recto se trouve un long « post-scriptum » dans lequel DesRochers explique certains usages possibles du livre, grâce au format « plaquette » :

> C'est le format le plus commode qui soit : il est justement de la bonne épaisseur pour équilibrer un meuble boiteux, entre autres qualités pratiques. Elle [la plaquette] est cousue à la broche, ce qui la rend très résistante. Elle est souple : on peut la glisser dans sa poche, en allant au bureau, pour amuser les compagnons[4].

La littérature refuse de se prendre au sérieux, simple produit d'artisanat : elle relève d'une pratique ancienne, s'apparente à un métier manuel davantage qu'à une pratique intellectuelle et, surtout, elle a pour relais d'autres « compagnons », ceux des amis, des bienfaiteurs et des parents. Grâce à cette lettre circulaire, la littérature ne quitte donc jamais la sphère de l'intimité. Au cas où le lecteur n'aurait pas compris qu'il fait partie d'une telle configuration, l'auteur dresse au verso la liste complète des soixante-dix-huit personnes auxquelles il envoie le recueil.

La lettre de souhaits de DesRochers fait bien plus qu'accompagner *À l'ombre de l'Orford* : elle justifie le texte. Au double sens de ce verbe, elle explique et encadre le recueil. Ce long « post-scriptum » précède curieusement la signature du poète, à tel point qu'on a un peu le sentiment que c'est le recueil qui est une sorte de pièce jointe à la lettre circulaire. La littérature émerge de la lettre, non l'inverse. Elle lui dérobe au passage sa configuration, constituée de parents, de bienfaiteurs et d'amis, en somme de tous ceux non pas qui s'intéressent à la littérature, mais qui intéressent le poète (« à tous ceux qui m'intéressent »). Cette configuration inscrit le texte dans un processus de socialisation associative plutôt qu'institutionnelle, selon la distinction de Max Weber, c'est-à-dire par un accord volontaire plutôt que par l'imposition de règles ou par la domination du pouvoir légitime. La littérature prend appui sur cette société familière, définie par la lettre circulaire et qui ne relève ni du « grand public » ni de quelque cénacle, malgré la « Société des poètes canadiens-français » qui jouxte le nom d'Alfred DesRochers sur la couverture du recueil. Certes, pour exister véritablement, la poésie a besoin d'un peu plus que cela, et DesRochers acceptera finalement, après l'avoir d'abord déclinée, l'invitation de l'éditeur Albert Lévesque. Le recueil sera réédité à la Librairie d'Action canadienne-française et, une fois tiré à 1700 exemplaires, il perdra son statut d'objet confidentiel, mais non sans révéler au passage à quel point la poésie, même moderne, suppose une fraternité élective, formée de quelques individus connus les uns des autres qui, sans être eux-mêmes des poètes, « lisent des vers » — et de préférence des vers canadiens.

Deux décennies plus tard, la maison d'édition l'Hexagone ne procédera pas autrement : son premier « Prospectus », analysé naguère par Gilles Marcotte[5], n'est rien d'autre qu'une lettre adressée à un « Ami » ou une « Amie », avec tutoiement et salutations d'usage. Là encore, comme chez DesRochers, la société d'abord restreinte s'élargit rapidement jusqu'à inclure le plus de gens possible, mais l'ordre de grandeur n'affecte pas la valeur première au nom de laquelle toute une société s'assemble autour du poète. La communauté, quelle que soit sa dimension, reste familière et prolonge plutôt qu'elle ne défait la configuration épistolaire initiale. La stratégie d'émergence de DesRochers ou de l'Hexagone n'est pas moins motivée que d'autres par des intérêts bien réels : DesRochers va jusqu'à exhiber le caractère intéressé de sa démarche, comme s'il associait par là son lecteurbienfaiteur à son œuvre. Mais le capital symbolique ne se trouve tout simplement pas à l'endroit où on l'attend dans d'autres pays, comme la France, c'est-à-dire essentiellement dans la reconnaissance par les pairs et dans les gratifications indirectes qui découlent des jeux de cooptation. Habituée à penser la modernité littéraire sous la forme d'une structure sociale autonome, la sociocritique s'explique mal ce qu'elle perçoit comme le refus d'un lieu exclusivement poétique, d'une distance sociale entre l'expérience quotidienne du monde, liée à la forme épistolaire, et la libre expérimentation du langage. Or, ce que nous apprend l'exemple de DesRochers, confirmé plus tard par celui de l'Hexagone, c'est que la lettre permet de renvoyer dos à dos deux modèles sociaux également dévalorisés : d'une part, celui d'une société immense, innombrable et anonyme, et, d'autre part, celui d'une élite culturelle fermée sur elle-même et hostile à la société en général[6].

Saint-Denys Garneau

Ce n'est toutefois pas autour de DesRochers qu'une telle configuration épistolaire va prendre forme de la façon la plus remarquable au cours des années trente. Sociologiquement, l'auteur d'*À l'ombre de l'Orford* appartient au monde du journalisme, tout comme de nombreux autres écrivains de l'époque, et il dispose donc d'un milieu de socialisation propre qui lui permet de parler sans gravité de sa fragile position de poète. Il en va tout autrement pour un écrivain comme Saint-Denys Garneau, qui, sans avoir « l'horreur de tous les métiers » comme Rimbaud[7], n'en a jamais exercé et ne s'est jamais intégré à un milieu social en dehors de sa famille et d'une poignée d'amis.

Où est l'espace social et littéraire dans lequel son œuvre aurait pu trouver place ? Où est ici la logique d'accumulation de capital symbolique, si centrale pour tout écrivain de la modernité ? On doit se le demander à propos de Garneau, tant sa vie comme son œuvre s'élaborent à distance de tout relais institutionnel. Certes, il y a *La relève* ; mais justement : il n'y a que *La relève*[8]. Garneau n'existe que par ce groupe, constitué d'à peine cinq ou six personnes, toutes issues comme lui du collège Sainte-Marie : Jean Le Moyne, Robert Élie et

Claude Hurtubise en première ligne, puis, un peu plus loin, André Laurendeau et, un rien à droite du premier trio, les têtes fortes de Robert Charbonneau et de François Rinfret. En dehors de cette société miniature, il n'est pas exagéré de dire que Garneau n'a jamais rien écrit, sinon des lettres à sa famille ou à des correspondantes de jeunesse et, bien sûr, son *Journal*. Ses poèmes, c'est à ses amis qu'il les fait lire en premier et c'est d'eux qu'il attend les réponses les plus éclairées. De même, sauf des textes mineurs et le tout dernier article, paru dans *L'action nationale*[9], toute la prose de Garneau a été publiée dans *La relève*.

Or, de ce groupe, il n'y a pas à escompter quelque enrichissement symbolique, si l'on en juge d'après la nature des relations qu'entretient Garneau. Entre celui-ci et les membres de *La relève*, tout se monnaie en amitié. Le plus ambitieux d'entre eux, Robert Charbonneau, l'a bien compris lorsqu'il publie, à propos de *Regards et jeux dans l'espace*, non pas une critique (Robert Élie s'en charge), mais un véritable témoignage d'amitié. Il choisit même pour cela la seule forme qui convienne à la chaleur du propos : la lettre. Il fait paraître en effet dans *La relève* une « Lettre à St-Denys Garneau », qu'il termine ainsi :

> Mon cher Saint-Denys, je te dois une grande joie d'homme.
> Sincèrement,
> Robert Charbonneau[10].

Ce « sincèrement » résonne particulièrement juste dans le concert d'éloges formulés par ses autres amis, qui concluent tous, de quelque façon, à la « sincérité » de l'œuvre. « Il y a quelque chose d'extraordinaire dans un livre sincère, écrit Robert Élie, c'est qu'indépendamment de tous les sujets qu'il nous propose, il nous émeut[11]. » Il faut être absolument sincère pour être moderne, car c'est aussitôt miser sur la sincérité du récepteur, c'est postuler la réciprocité de la relation du poète et du lecteur. Je t'écris un poème, en échange de quoi tu m'envoies une lettre, un mot d'amitié, une marque d'affection. Sans cette réciprocité, le poème semble injustifiable, irrecevable, privé du sens et de la valeur que la reconnaissance immédiate du lecteur est seule à même de pourvoir.

Le commerce épistolaire prend chez Garneau une importance particulière dans la mesure où il permet d'échapper tout à la fois à l'impersonnalité de la sphère publique et au silence littéraire proprement dit. Ici encore, une précision s'impose : il est vrai que Garneau appartient au milieu de *La relève* et qu'il y trouve un lieu de socialisation qui aurait fait envie à plusieurs écrivains des années trente. Mais de quelle société s'agit-il ? En réalité, la configuration de ce groupe ne recoupe pas exactement celle de la revue, puisque les deux directeurs de l'époque, Robert Charbonneau et Paul Beaulieu, ne participaient à peu près jamais aux agapes dominicales organisées chez Jean Le Moyne ou Georges Beullac, oncle fortuné de Garneau. La société de celui-ci se rencontre donc en marge de *La relève*, en deux lieux qui se ressemblent par leur nature privée, c'est-à-dire le lieu domestique et le lieu épistolaire. Dans une lettre circulaire de la fin de 1932, Garneau convoque ses amis à distance, par la magie de l'écriture :

> Au lieu de vous écrire à chacun séparément, j'ai décidé, dans mon auguste sagesse, de vous écrire à tous en communauté. Le temps est précieux et passe vite ! C'est pourquoi, connaissant l'inséparabilité de vos trois personnes humaines, la communauté que vous faites de vos joies, liesses, peines et déboires [...], j'ai cru bon d'inaugurer cette façon de faire[12].

On trouvera des échos à ce « vous » dans au moins une lettre ultérieure[13] ainsi que dans la toute dernière qui tient en cinq mots : « Ne venez pas me voir[14]. » Voilà posée la communauté épistolaire ou, selon le terme proposé ici, la configuration épistolaire. Par la lettre circulaire, Garneau établit sur un mode plaisant « l'inséparabilité » de la trinité des destinataires, lui qui pourtant écrit des lettres fort différentes à chacun d'entre eux.

De retraite en retraite, la société de laquelle écrit le poète forme à peine un cercle, car le cercle a sa socialité propre, comparable à celles du salon ou de la coterie. Lui-même préfère parler de confrérie ou de compagnie pour désigner ce qu'Elias appelle une configuration. Observons qu'il s'agit moins d'une configuration d'individus en présence que d'une *configuration épistolaire*. Pour Garneau, en effet, la seule manière d'appartenir à cette configuration intellectuelle passe par la correspondance. Pour des raisons géographiques bien sûr, étant donné qu'il écrit toujours à ses amis de son manoir de Sainte-Catherine. Toutefois l'éloignement n'explique pas tout. Dans la lettre circulaire de 1932 où il dit « inaugurer cette façon de faire », il transforme le groupe en passant d'une configuration réelle à une configuration imaginaire, bien qu'il s'agisse toujours des mêmes personnes. Loin de s'ajouter à des rituels déjà en place, la correspondance substitue à un dilettantisme social une pratique radicalement différente, marquée par la distance, mais une distance volontaire, entretenue dans les limites du possible, de l'amitié sincère et de la fiction littéraire[15].

Le bon sens voudrait que la pratique épistolaire régulière fût simplement la conséquence de la retraite à Sainte-Catherine. En vérité, on soutiendrait presque l'inverse si l'on ne craignait de surestimer la force de la configuration épistolaire. Disons plutôt que la correspondance convient parfaitement au poète et qu'il la cultive avec un rare souci, obsédé à l'idée de froisser, voire de perdre l'un de ses destinataires[16] et de risquer ainsi d'affaiblir la configuration qu'il a créée. Cela ne l'empêche évidemment pas de les visiter et de les inviter tour à tour, mais chaque voyage à Montréal lui coûte mille peines, ainsi qu'il l'écrit le 10 avril 1934 :

> d'ici quelques jours je crois faire mon entrée triomphale à Montréal. J'en frémis d'avance : je dois éviter d'y penser, cela m'obsède et m'énerve, je deviens *restless*. Tous les souvenirs qui m'attendent, les amis que je reverrai. J'ai presque peur : cela va être une véritable avalanche d'émotions bousculant du passé[17].

En compagnie des autres, même de ses amis les plus chers, il éprouve une sorte de panique inexplicable. Et plus les crises d'angoisse se multiplient, plus il apprécie la distance épistolaire, seul lien supportable. À Jean Le Moyne, le 15 février 1941 :

> Je viens d'être accablé d'un terrible accès d'angoisse, de terreur. Je ne sais que faire. [...] Dans ces conditions, il me semble impossible de rester seul ici. Mais je ne suis pas en état d'entreprendre un

voyage, surtout seul. J'espère trouver un mot de ta part à la poste demain[18].

Deux semaines plus tard, apprenant la mort du père de Le Moyne, Garneau adresse à son ami cette lettre de condoléances :

Je n'ai su la nouvelle que tard samedi après-midi, par lettres, de Claude et de mon frère. Je regrette durement de ne t'avoir pas appelé aussitôt au téléphone. Je suis tellement déshabitué de tout mode de communication autre que les lettres, que l'idée ne m'en est jamais venue[19].

Notons la formule : l'épistolier s'est tellement « déshabitué de tout mode de communication » directe qu'il ne sait plus s'exprimer que par lettres, même dans les moments les plus extrêmes. Il n'est pas de configuration possible via le téléphone ou les rencontres. La lettre est la forme nécessaire de la configuration et le deuil constitue une occasion de plus d'en vérifier la solidité : « J'ai reçu ta lettre, écrit encore Saint-Denys à son ami endeuillé. Merci de m'avoir associé à ton chagrin en ces durs moments[20]. » La lettre garnélienne est le lieu par excellence d'un deuil toujours célébré à distance, celui de ses proches ou celui, plus général, de la littérature.

Pendant les semaines de fébrilité qui suivent la parution de *Regards et jeux dans l'espace*, la quête de la reconnaissance de certains pairs est bien réelle, attestée par les lettres qui montrent le poète à l'affût des premières réactions critiques, mais tout se joue sur le terrain de la sympathie plutôt que sur celui des valeurs. Le jugement le plus redouté n'est pas celui de ses proches les plus fidèles, dont l'amitié lui est acquise, il le sait bien. Ce sera d'abord celui de François Rinfret, car Garneau craint de perdre son estime[21]. Et puis les choses se compliquent tout à fait dès lors qu'on s'éloigne du milieu convivial de *La relève* pour aller là où les règles du commerce amical cessent d'opérer. En passant de la sphère privée à la sphère publique, Garneau éprouve soudain le sentiment que son livre ne s'adresse plus aux bonnes personnes, comme si lui-même s'était mis à interpeller sans raison une femme sur la rue, impardonnable folie. À peine entré sur le terrain de la littérature, le voici qui se crispe et se replie sur sa position antérieure, de peur d'être jugé et, qui sait, peut-être compris par des inconnus qu'il ne pourrait, en retour, payer de son amitié :

> Je ne craignais qu'une seule chose, écrit-il dans son *Journal* : non d'être méconnu, non d'être refusé, mais d'être découvert. [...] Et ceux qui acceptaient mes poèmes, est-ce que je n'avais pas l'impression de les voler, de les tromper, de les duper ? De la même façon qu'il me semblerait malhonnête d'être aimé ou estimé par un inconnu, à l'heure qu'il est : il ne pourrait pas ne pas y avoir duperie, je l'aurais attiré par quelques promesses fallacieuses, fausses représentations, poudre aux yeux, évocations chimériques, puisque je ne suis pas aimable, que je n'existe qu'à peine et par conséquent je ne puis rien posséder, rien donner ni rien recevoir (sauf en Dieu, naturellement)[22].

Craignant d'être lu sans être aimé, l'écrivain s'accuse de proposer au lecteur un marché léonin et préfère cesser tout échange plutôt que de transiger. Il ne négocie rien : il interrompt la publication, exactement comme il se retirera de l'échange épistolaire avec F. (François Rinfret) :

> Tu me dis d'écrire à F., explique-t-il à Jean Le Moyne. Est-ce qu'à sa visite chez toi il t'en avait parlé ? C'est que je n'ai rien à lui dire (ni à personne d'ailleurs). Et puis, il y a un malaise plus profond que cela. C'est que F., je sens que son amitié m'est offerte. Je l'ai même recherchée. Mais maintenant, je n'arrive pas à l'accepter. Il me semble que je le volerais. Je n'ai rien à donner en retour. Aucune compagnie n'est possible. Si j'acceptais son amitié, il me semble que cela marcherait à la faveur d'un malentendu. C'est impossible[23].

Face à la même exigence déçue, le recueil et la lettre subissent un échec semblable. Après *Regards et jeux*, Garneau n'écrit qu'à ceux qui lui demandent expressément de leur écrire (si c'est F. qui souhaitait qu'il écrivît, alors ce serait autre chose, alors Garneau n'aurait pas à craindre de regretter son geste, puisqu'il n'aurait fait que répondre à une invitation à écrire). Ne lui demandez pas d'écrire à autrui, mais écrivez-lui de vous écrire et vous êtes sûr qu'il vous répondra. Écrire à ses amis, c'est s'exercer à ne plus écrire à autrui, c'est apprendre à se passer de l'écriture comme obligation sociale, c'est écrire contre la littérature.

Avant la fin de 1937, la décision du poète de ne plus écrire est prise : « Enfin voici la dernière chose que j'écrirai de longtemps et cela me soulage. Je n'aime plus écrire. C'est avec plaisir que j'abandonne le chemin des "paradis artificiels" (pour moi)[24]. » Il s'agit bel et bien d'une décision solennelle, présentée tour à tour à chacun de ses amis comme pour multiplier les témoins du geste. D'abord Robert Élie, puis Claude Hurtubise :

> Après avoir reçu ta lettre, j'ai failli céder à la tentation de paraître. Relisant quelques poèmes, il m'a semblé qu'ils étaient sincères, peut-être intéressants. [...] Mais à l'heure du souper, j'eus une sorte d'illumination intelligente, un sursaut de conscience, et je décidai qu'on ne m'y prendrait plus[25].

Résistant difficilement à la « tentation » de la littérature, il acceptera finalement qu'on publie quelques textes inédits, mais, précisera-t-il, « comme œuvres posthumes[26] ». Quelques jours plus tard, il annoncera à Jean Le Moyne qu'il écrit « le dernier article de [sa] carrière[27] ». Au cours de l'année 1938, il prendra congé d'un correspondant qui n'a rien d'un proche, mais auquel il a déjà adressé, en octobre 1937 (donc bien après l'avoir retiré de la sphère publique[28]), une copie de son recueil :

> C'est donc une sorte d'adieu que je vous adresse ici (passager ou définitif ?) en même temps que mes vœux sincères de vie et de joie.
> Excusez-moi de m'effacer si indiscrètement moi-même. J'ai la manie des explications[29].

La cérémonie d'adieu à la littérature, comme le suggèrent ces quelques exemples, n'est jamais vraiment terminée[30]. À l'inverse de Rimbaud interrompant une fois pour toutes — et sans y mettre le poids d'une décision — sa relation avec la littérature, Garneau prolonge le plus longtemps possible le moment de rupture, indiquant même à ses confidents qu'il pourrait toujours recommencer à écrire un jour. Au lieu d'oublier la littérature, il ne cesse d'y revenir, comme pour pouvoir s'effacer à nouveau et rejouer la scène des adieux, dans une sorte de rituel itératif qui se répétera jusqu'à la fin de sa correspondance, le 21 août 1943, deux mois avant sa mort.

Un sociologue bourdieusien conclurait sans doute ainsi : tout ceci est peut-être vrai, mais les choses vont changer considérablement dans les décennies suivantes, avec la mise en place d'un appareil de production et de légitimation adéquat : plus personne n'écrirait aujourd'hui au ministre des Terres et des Forêts pour solliciter une récompense littéraire. Ce qui manquait à DesRochers et à Saint-Denys Garneau, c'était un champ littéraire dûment constitué. À quoi il faudrait répondre ceci : il est exact qu'aujourd'hui il est préférable de s'adresser au ministère de la Culture plutôt qu'à celui de l'Agriculture pour obtenir une subvention ou quelque honneur littéraire. Mais notre modernité est-elle pour autant devenue radicalement différente de ce qu'elle était chez DesRochers et Saint-Denys Garneau ? Il me semble que non et qu'en outre si nous nous reconnaissons dans leur modernité, ce n'est pas parce qu'il y aurait chez eux les premiers signes d'une autonomie de la littérature, absente de l'horizon trop étroit de Louvigny de Montigny, mais parce que ces deux poètes, étrangers l'un à l'autre à la fois comme poètes et comme épistoliers, aspirent à la modernité poétique à travers la forme épistolaire, c'est-à-dire en refusant la séparation entre l'expérience quotidienne du langage et l'épreuve du texte, entre le social et le littéraire.

Notes_____

1. Il s'agit du fils de l'ancien premier ministre du Québec.

2. Norbert Elias, *Qu'est-ce que la sociologie ?*, traduction de Yasmin Hoffmann, La Tour d'Aigues, Éditions de l'Aube, coll. « Monde en cours », 1991, 222 p., p. 157.

3. Comme Rina Lasnier soumettant en 1939 à Marie-Claire Daveluy sa *Féerie indienne* : « Ceci n'est qu'un essai... je vous le soumets afin que vous me disiez s'il contient un espoir. Je vous en prie, que votre charité intellectuelle ne se croie pas obligée d'aider la débu-

tante que je suis et si le temps vous manque, retournez-moi mon manuscrit sans plus… » (20 février 1939, fonds Marie-Claire Daveluy, Bibliothèque nationale du Canada).

4. Alfred DesRochers, À *l'ombre de l'Orford précédé de L'offrande aux vierges folles*, édition critique par Richard Giguère, Montréal, PUM, coll. « Bibliothèque du Nouveau Monde », 1993, 289 p., p. 249.

5. Gilles Marcotte, « L'Hexagone et compagnie », *Liberté*, 120, 20 : 6, novembre-décembre 1978, p. 11-21 ; repris dans *Littérature et circonstances*, Montréal, l'Hexagone, coll. « Essais littéraires », n° 4, 1989, p. 113-122.

6. Voir Michel Biron, « DesRochers : boucherie, terroir et idéologie », dans *Miscellanées en l'honneur de Gilles Marcotte*, sous la direction de Benoît Melançon et Pierre Popovic, Montréal, Fides, 1995, p. 129-142.

7. Arthur Rimbaud, *Poésies. Une saison en enfer. Illuminations*, préface de René Char, texte présenté, établi et annoté par Louis Forestier, Paris, Gallimard, coll. « Poésie », 1973, 331 p., p. 124.

8. Voir Michel Biron, « Les fissures du poème », dans Benoît Melançon et Pierre Popovic (édit.), *Saint-Denys Garneau et* La relève. *Actes du colloque tenu à Montréal le 12 novembre 1993*, Montréal, Fides — CÉTUQ, coll. « Nouvelles études québécoises », 1995, 132 p., p. 11-24.

9. Saint-Denys Garneau, « Les Cahiers des poètes catholiques », *L'action nationale*, 11, 2, février 1938, p. 135-142.

10. Robert Charbonneau, « Lettre à St-Denys Garneau », *La relève*, 3, 5, mars 1937, p. 123.

11. Robert Élie, « Les poèmes sincères de Saint-Denys Garneau », *La province*, 24 avril 1935, repris dans *Œuvres*, Montréal, Hurtubise HMH, 1979, xviii/867 p., p. 539 ; dans l'article publié un mois plus tôt dans *La relève* (3, 5, mars 1937, p. 120-122, p. 120), Élie évoque dans le même sens le caractère vrai et authentique du recueil de Garneau.

12. Saint-Denys Garneau, *Lettres à ses amis*, avertissement de Robert Élie, Claude Hurtubise et Jean Le Moyne, Montréal, HMH, coll. « Constantes », n° 8, 1967, 489 p., p. 61.

13. À Robert Élie, 21 novembre 1939, *Lettres*, p. 413.

14. À Robert Élie, 21 août 1943, *Lettres*, p. 489.

15. Garneau illustre bien par là *L'équivoque épistolaire* étudiée par

Vincent Kaufmann (Paris, Éditions de Minuit, coll. « Critique », 199 p.). Au lieu d'écrire pour combler la distance qui le sépare de ses destinataires, il l'entretient et en fait le lieu même de l'écriture.

16. À Robert Élie, il écrit le 14 octobre 1937 : « Ton silence se prolonge. Mes dernières lettres m'ont peut-être révélé à toi sous un jour que tu ne connaissais pas. Tu le sais, rien ne me surprendrait moins que d'être trouvé inacceptable » (*Lettres*, p. 316-317).

17. *Lettre à un ami*, 10 avril 1934, dans *Œuvres*, texte établi, annoté et présenté par Jacques Brault et Benoît Lacroix, Montréal, PUM, coll. « Bibliothèque des lettres québécoises », n° 1, 1971, xxvii/1320 p., p. 1028-1029.

18. À Jean Le Moyne, 15 février 1934, *Lettres*, p. 474.

19. À Jean Le Moyne, 3 mars 1941, *Lettres*, p. 483.

20. À Jean Le Moyne, 5 mars 1941, *Lettres*, p. 483.

21. « François parle d'un auteur qui a dû retirer un livre qu'il a écrit. "C'est triste, n'est-ce pas", dit-il avec une ironie destinée je ne sais où mais qui me frappe en plein cœur. Je vois : "Il n'a pas aimé mon livre." Du même coup mon livre et moi sommes détruits. » Plus tard dans cette même soirée, Saint-Denys reviendra à la charge : « Alors, à la fin de la soirée, j'interroge directement François et il me répond qu'il a aimé mon livre, beaucoup certaines choses, moins d'autres trop faciles. Cela me remonte, c'est comme un bain de fraîcheur, lumière d'espoir » (*Journal*, 1937, *Œuvres*, p. 495-496).

22. *Œuvres*, p. 497.

23. À Jean Le Moyne, 13 juin 1938, *Lettres*, p. 352.

24. À Robert Élie, 30 décembre 1937, *Lettres*, p. 328.

25. À Claude Hurtubise, janvier 1938, *Lettres*, p. 331.

26. À Claude Hurtubise, 1938, *Lettres*, p. 332.

27. À Jean Le Moyne, 24 janvier 1938, *Lettres*, p. 335.

28. Comme quoi Garneau n'a pas renié sa poésie, mais bien la dimension publique de l'acte littéraire. Même après l'échec de *Regards et jeux*, la littérature peut encore circuler, du moment qu'elle s'en tient à une stricte logique épistolaire, de main à main.

29. À Jean Bélanger, 1938, *Lettres*, p. 347.

30. Garneau rejouera encore cette cérémonie devant Jean Le Moyne le 27 septembre 1938 : « Je me suis levé et j'ai jeté mon poème au feu » (*Lettres*, p. 380) ; puis devant Claude Hurtubise le mois suivant : « Et comme de plus en plus mes raisons d'écrire, c'est-à-dire de m'exprimer, me paraissent douteuses, en raison de l'insignifiance

et arbitraire de l'être à exprimer, je n'écrirai probablement jamais »
(*Lettres*, p. 382).

Saint-Denys Garneau épistolier :
monologue ou dialogue ?

Eva Kushner

Notre titre présuppose que le genre épistolaire a pour but la communication avec un allocutaire absent et que sa finalité repose donc sur l'attente d'une possibilité de dialogue. Cela dit, il importe de réagir contre le risque de naïveté que comporte ce présupposé. La lettre — comme d'ailleurs le dialogue littéraire — peut à divers degrés assumer (et assume presque toujours) un caractère et une fonction rhétoriques vis-à-vis du correspondant lui-même et bientôt, surtout si le scripteur est écrivain, d'un public virtuel et, en puissance, de l'entière postérité. Ce n'est pas dire que rien de la subjectivité de Saint-Denys Garneau ne perce dans ses lettres : elles sont, au contraire, dominées par ses préoccupations personnelles, dont l'une des principales est la lutte contre l'incommunicabilité. Par échantillons, nous tenterons d'examiner à même les signes textuels quelques phases de cette lutte, sans oublier que l'objet de notre enquête n'est pas seulement l'individu et le poète Saint-Denys Garneau, mais l'état de société dont les rapports familiaux, amoureux et amicaux sont des instantanés partiels ; nous tenterons également d'y déceler quelques orientations métadiscursives concernant la communication épistolaire.

Tragiquement, Saint-Denys Garneau en est venu à représenter pour nous la difficulté de sortir de soi-même lorsqu'on vit au Québec dans les années trente. Dans l'existence de cet homme qui disparaîtra en 1943, ce sont des années cruciales. Les lettres écrites par lui de 1930 à 1940 vibrent de toute l'intensité de cette nature blessée. Autant que son journal et que son œuvre poétique, ces lettres s'inscrivent dans le réseau du discours social. Il nous est loisible de les étudier pour elles-mêmes, comme nous le faisons ici, ou en relation de complémentarité avec ses poèmes. Le cercle des correspondants est relativement restreint : la famille, quelques jeunes femmes, quelques amis très proches. Au travers de ces trois catégories de lettres et de tous les thèmes qu'elles abordent, une forte présence se dessine, s'affirmant vis-à-vis de l'allocutaire, interpellant son attention, cherchant activement son conseil, sa compréhension, parfois même son obéissance, mais bientôt une faille apparaît, laissant s'infiltrer la négativité, le doute, le déni de sa propre valeur. Ces signes seront plus nombreux après la crise de 1935, mais ils sont déjà présents auparavant : devant la brutale révélation de sa mortalité, le poète, saisi d'une sorte de rapide vieillissement intérieur, cherche à brûler les étapes de son développement psychique et artistique tout en subissant des intermittences qui arrêtent ces élans.

La lettre est-elle nécessairement plus spontanée que le poème ? Saint-Denys Garneau avait l'habitude de tout recopier ; était-ce pour se conformer à la vieille habitude de « faire un brouillon » ? ou pour conserver par fierté d'auteur les textes de ses lettres ? En tout cas, quatorze lettres figurent dans le *Journal* ; selon Jacques Brault et Benoît Lacroix[1], Garneau avait pris l'habitude de transcrire ses lettres préférées. Du coup, le degré de spontanéité du texte épistolaire par rapport au texte poétique ou à la notation de journal n'apparaît pas aussi clairement qu'on l'imaginerait ; la lettre devient texte littéraire et le destinataire privilégié n'est plus seul en cause, ce qui instaure une distance, même si c'est une personne proche, mais aide peut-être l'auteur à surmonter ses intermittences par le mûrissement et la formalisation des messages. Tout en observant ce processus conscient, nous ne devons pas perdre de vue le non-dit, la socialité moins consciente qui parfois transparaît à travers les interstices du texte.

Il est un groupe de lettres — celles que Saint-Denys Garneau adresse à sa mère — qui n'appartiendraient pas à notre corpus si les dates 1930-1940 étaient sévèrement maintenues ; en effet, plusieurs d'entre elles datent d'avant 1930. Mme Garneau agissait puissamment sur le psychisme de son fils, un peu à la manière d'une institution ; très souvent, les réactions d'affection et d'obéissance du fils témoignent de ce qu'il comprend, assume et intériorise cette domination, qui deviendra la voix du censeur en lui.

Certains étés, l'adolescent demeure avec son père à Westmount tandis que la mère, avec les autres enfants, séjourne au manoir de Sainte-Catherine. Saint-Denys Garneau suit des cours d'été, sans doute en vue de l'examen d'entrée du collège Sainte-Marie. Loin de se plaindre de son sort, il rassure continuellement sa mère sur ses bonnes intentions. « Il ne me reste que sept jours de classe avant mes examens. Il faut que j'en profite et travaille fort. Dans le moment cela va très bien dans les classes. Je "force" autant que je peux, car je réalise bien l'importance de cette dernière semaine » (*Œuvres*, p. 764). Citant « Le corbeau et le renard », le jeune Garneau jure lui aussi, un peu tard, « qu'on ne l'y prendrait plus », ce qui implique qu'il s'était amusé pendant la majeure partie des vacances et qu'il le regrette. Il a quinze ans. Mme Garneau vient de lui écrire, le rappelant à l'ordre : « Tu étudies bien ? J'espère que *c'est sérieusement*, c'est ta dernière chance de passer tes examens, ne la laisse pas passer — Ne te sens pas trop sûr de toi » (*Œuvres*, p. 1236). De telles interventions maternelles aident à comprendre le manque de confiance en lui-même qui greva Saint-Denys Garneau tout au long de son existence. Il finit par intérioriser la voix de celle qu'il appelait « *Maman grognon* » (*Œuvres*, p. 765) ; elle sera le juge en lui. « Et vite, écrit-elle encore, je suis sûre que tu te remettras au pratique — si tu es tenté de t'en écarter » (*Œuvres*, p. 1236 ; allusion sans doute à la tendance de son fils au rêve éveillé). « Ne sois pas trop sûr de ton coup et vise plus haut pour rattraper le milieu — n'oublie pas la grammaire française avec ses multiples difficultés... » (*Œuvres*, p. 1236). Était-ce le ton ordinaire des mères écrivant aux écoliers, ou y a-t-il là — comme nous le pensons — un cas d'exigence excessive ?

Début septembre, le jeune homme écrit une dernière lettre avant le retour de la famille entière à Westmount :

> Le premier septembre ! Mais quel beau jour ! Un soleil radieux, des feuilles jaunes, des feuilles rouges qui s'envolent, l'automne ! Cela me fait manquer un peu notre cher petit coin. Car c'est le temps des promenades dans les bois parfumés, où la mousse est couverte de feuilles mortes que le vent a déjà arrachées aux arbres ! Cela me fait manquer surtout ma petite maman chérie, et toute la marmaille. Mais c'est déjà jeudi, et lundi nous serons tous ensemble dans la maison propre et remise à neuf par notre pauvre papa (*Œuvres*, p. 765).

Saint-Denys Garneau fait ensuite allusion au fait que son « pauvre » père — cette épithète revient souvent hanter la figure paternelle — travaille sans arrêt, incapable de se reposer, tandis que la mère fait figure d'autorité morale, religieuse et même... littéraire, comme en témoigne le passage suivant :

> J'ai reçu hier matin ta bonne lettre et je suis tous les conseils de ma *Maman grognon*. Je suis content que tu aies aimé ma petite poésie. Ce n'est pas un chef-d'œuvre ! Les pieds y sont inégaux, et les défauts de rime, nombreux. Mais j'y ai mis tout le sentiment que m'inspirait ce petit coin (*Œuvres*, p. 765-766).

En effet, Mme Garneau avait écrit, félicitant son fils pour « La vieille roue du moulin » : « on voit que tu aimes ce petit coin toi aussi, tu en parles avec tendresse et ce qui me rappelle tant jadis, le beau temps de mes jeunes années, je le retrouve dans ta jolie poésie. [...] Je la relis souvent et chaque fois j'y sens quelque chose qui me parle d'antan... » (*Œuvres*, p. 1236). Étrange repliement sur le passé, de la part de cette femme encore jeune, dont on se demande pourquoi son émerveillement n'éclate pas plutôt devant son époux travailleur acharné et ses enfants supérieurement doués, y compris le petit génie de quinze ans qui lui écrit avec une sagesse désarmante.

L'examen scolaire fut couronné de succès, puisqu'en octobre de la même année Garneau, pensionnaire, écrit à ses parents pour leur raconter sa vie en marge des cours : tennis, théâtre, cinéma. Il ne manque cependant pas, devant la censure maternelle, de décrire aussi ses études toujours un peu négligées : « Revenons au sérieux. Ce mois-ci je me suis un peu oublié, j'ai même fait un peu de paresse. Aussi j'arrive à un rang très bas. Mais je me reprendrai le mois prochain. Je suis plein d'une ardeur nouvelle qui, j'espère, durera » (*Œuvres*, p. 767). Déjà, bien avant les troubles à venir, le cycle des intermittences et des enthousiasmes s'est instauré. L'adolescent va toujours au-devant des désirs de ses parents ; il les porte en lui-même et pourtant il ne cesse jamais de les transgresser :

> Comme j'ai manqué une semaine de classe [...], je ne suis pas inscrit sur la liste d'excellence. Je ne connais pas mes notes de diligence, mais je crois (j'espère aussi) qu'elles sont meilleures que celles du mois dernier, car j'ai beaucoup mieux travaillé. Je tiens à faire, le mois prochain, un dernier effort pour bien finir le premier semestre (*Œuvres*, p. 768).

Une autre lettre suggère qu'écrire aux parents est un plaisir qu'il ne peut s'offrir que rarement, puisque le temps de la correspondance est soustrait aux études. Il y est également question de l'inévitable retraite, du prédicateur dont Saint-Denys Garneau a admiré le sermon et de la dévotion toute spéciale qu'il voue à la Sainte Vierge, sujets et attitudes qui ne pouvaient manquer de plaire aux parents... Comme aussi, l'année suivante, un incident où, truculent, il se fait confisquer par un prêtre une lettre à ses parents qu'il laisse sur un banc au moment d'aller communier, lettre qui justement exprime sa nostalgie de la maison et les rigueurs du pensionnat. Le ton se veut amusant, mais l'on perçoit à nouveau le désir de réaliser les attentes des aînés. La lettre est masque.

Même jeu dans les lettres de 1929. Le ton badin est devenu rituel. Par exemple, Garneau prétend que s'il écrit peu c'est pour éviter à ses parents de gaspiller leur temps à le lire (*Œuvres*, p. 778). Ou encore, il se moque de la coutume « solennelle » de la lettre mensuelle obligatoire. Visiblement, il prend ses distances vis-à-vis de ces correspondants originels que sont les parents, tout en les intégrant à son monologue intérieur comme juges. Ainsi, il leur communique ses réflexions négatives au sujet des manuels de littérature et de stylistique qui, imposés aux élèves, prétendent enseigner ce qui ne s'enseigne pas : le naturel du style. Au seuil de 1930, Saint-Denys Garneau s'impose à lui-même un programme d'assimilation de l'ancien pour créer du vraiment nouveau :

> La seule façon d'apprendre à écrire est d'étudier les classiques pour s'assimiler toutes les ressources que l'on peut tirer de la langue elle-même. Ensuite, il faut regarder, regarder sans cesse pour avoir une façon originale de disposer les choses, pour trouver des images neuves et vraies. Le travail personnel dans le sens de notre talent [...] (*Œuvres*, p. 778-779).

Le jeune homme retrouve ainsi les principes fondamentaux des poétiques traditionnelles et à travers celles-ci l'affrontement, toujours à recommencer, entre la subjectivité et le monde à vivre et à exprimer. (Ne dirait-on pas d'ailleurs que l'émancipation psychologique vis-à-vis de la famille et l'émancipation littéraire vis-à-vis des vieux modèles se reflètent mutuellement ?)

Le non-dit qui en outre hante la citation ci-dessus, c'est que les maîtres dont la fréquentation assurera au jeune auteur la maîtrise de sa langue, ce sont les « grands » auteurs français et en première instance sans doute les classiques. C'est un donné dont on ne parle pas tant il semble évident. Ainsi, le poète qui va projeter la poésie québécoise dans la modernité fait son apprentissage auprès des Français, modèles littéraires intériorisés comme le sont les parents, la mère surtout, sur le plan moral. L'effort sur ce plan est reconnu plus explicitement, par des confidences comme celle-ci : « J'ai beaucoup changé, énormément : pour le mieux sur certains points, pour le pire sur d'autres. Mais je crois que le mieux l'emporte » (*Œuvres*, p. 779). L'optimisme partiel de cette notation est à souligner, puisqu'il alternera souvent avec un profond pessimisme vis-à-vis de soi-même. « Je me suis posé debout solidement et je suis devenu presque un homme.

Je suis un peu plus réfléchi, plus concentré ; plus fort, surtout. Voilà »
(*Œuvres*, p. 779). La fêlure existentielle est pourtant déjà là : « Car,
j'ai déjà eu la peur de vivre, ce que vous ne saviez pas et que je me
trouve ainsi à vous apprendre […] » (*Œuvres*, p. 779).

Les lettres suivantes adressées aux parents montrent que Garneau
vit surtout à Sainte-Catherine-de-Fossambault, pour des raisons de santé,
et qu'il se consacre tantôt à des travaux d'ordre pratique, tantôt à la
poésie et à la peinture. Il est capable de bonheurs extrêmes : « Je suis
heureux comme un roi sans sujets, ce qui est le summum du bonheur
humain […] » (*Œuvres*, p. 782). Cet énoncé est à la fois problématique et révélateur pour notre propos, car il valorise par-dessus tout
le détachement et frôle le solipsisme, mais d'autre part son auteur
reconnaît à autrui la liberté de rechercher cette même béatitude.
L'humanité rurale qui l'entoure lui inspire des réactions de romancier
réaliste :

> Je me trouve à merveille ici. Ce sont des gens savoureux, de vrais types
> de cette sérénité paysanne qui est la vraie sagesse, crainte de Dieu,
> saines habitudes de travail, loisirs bien employés, santé morale et santé
> physique. Je ne crois pas avoir jamais trouvé ailleurs un aussi véritable
> bonheur. Si jamais j'écris au sujet de la campagne, j'en ferai des types
> (*Œuvres*, p. 783-784).

C'est encore là une forme de sagesse de nature à plaire à des parents
conservateurs et chrétiens. La population rurale est toutefois fixée dans
un rôle figé, isolé, et en fin de compte régressif, puisque sa santé
morale est fonction de son isolement. Saint-Denys Garneau semble
projeter en elle son propre isolement, qu'il aime parce qu'il s'y sent en
sécurité, en même temps qu'il en est gêné au point de lui chercher
une justification quelque peu objective, que voici : les habitants de la
campagne, parce qu'ils vivent dans la nature, sont réconciliés avec
l'éphémère et la mort, et leur foi en Dieu « fait le fond de leur vie »
(*Œuvres*, p. 784), tandis que chez les citadins intellectuels elle est
objet de recherche philosophique. Implicite à ce jugement est une
hiérarchisation de la société : sur le plan philosophique, la supériorité
appartient aux citadins bourgeois épris de réflexion ; sur le plan spiri-

tuel, sont valorisés les gens du terroir vers qui s'élance spontanément le cœur du poète.

Rien, dans la correspondance entre Saint-Denys Garneau et ses parents, ne ferait soupçonner la crise économique dont ils sont environnés. Tout au plus, on comprend que les Garneau ne sont pas riches, mais tiennent bien leur rang bourgeois. Malgré l'altruisme chrétien de principe qui règne chez eux, toutefois, le contact en profondeur avec les remous sociaux paraît réduit. Bien entendu, la correspondance familiale n'est pas destinée aux débats économiques et politiques ; le silence total dans ce domaine n'en est pas moins signifiant et s'accorde bien avec l'atmosphère protectrice et feutrée dont s'entoure la famille Garneau à la ville comme à la campagne. Dans ses lettres aux amis (voir ci-dessous), Saint-Denys Garneau manifestera des velléités, voire des projets d'action sociale. Le cercle familial favorise plutôt l'évasion dans la spiritualité.

L'année 1937 n'est pas seulement celle de la publication de *Regards et jeux dans l'espace*, mais également celle de l'infortuné voyage en France. Après l'échec retentissant de sa grande tentative de contact avec ce pays et cette culture qui étaient les siens sans l'être, Garneau doit s'en confesser à ses parents. À cette occasion, dont on penserait qu'elle serait marquée par la reprise des attitudes confiantes du passé, il commence au contraire par s'expliquer sur son manque de confiance en lui-même et en autrui. Chaque être, finalement, ne connaît que soi : « si bien qu'on connaisse les autres, on ne les connaît jamais autant qu'ils se connaissent, pour peu qu'ils se soient analysés et regardés avec franchise [...] », finira-t-il par dire en 1940 (*Œuvres*, p. 795), mais déjà en 1937 il fait à ses parents un aveu qui semble tuer toute possibilité de dialogue. Il est résigné à son propre manque de substance : « Être avec les gens m'est un supplice épouvantable. [...] j'ai comme une répulsion physique à être avec les gens [...] Cela se prépare depuis des mois, peut-être des années. [...] Et je serais bien surpris si ce n'était pas d'une certaine façon la fin de ma vie » (*Œuvres*, p. 793-794). Le problème que cet état psychique, qui éclate bien davantage encore dans certaines lettres à ses amis, pose à l'historien est de savoir y discerner la part du subjectif et du collectif. Avons-nous affaire tout simplement à un schizophrène ou bien à un dépressif de génie ? Ou faut-il chercher dans cette désagrégation de l'être l'effet d'un état de société qui serait celui d'un peuple mort à lui-même parce que réprimé ? À notre sens, les deux possibilités sont liées entre elles, et c'est pourquoi la correspondance de Garneau peut servir aussi bien au biographe qu'au sociocritique.

Il nous avait d'abord semblé que la correspondance familiale aurait quelque chance de figurer, ne serait-ce que d'une manière allusive, le fondement d'un réseau de relations avec autrui. À cet égard, notre hypothèse s'accordait avec celle de Benoît Melançon lorsqu'il écrit :

> il semble que penser le social soit très difficile, pour Garneau épistolier, dans la sphère qui lui est le plus souvent associée, soit la sphère publique ; il lui faut plutôt inscrire toute approche de ce sujet dans la sphère privée de la relation amoureuse, familiale ou amicale. Si le social est bien cette chose anonyme que met confusément en scène la correspondance, le seul moyen de lui (re)donner figure est de se replier sur l'intimité, d'envisager le social à une autre échelle — celle de l'individu dans ses relations interpersonnelles[2].

Cela se vérifierait si au niveau des relations interpersonnelles qui touchent le plus intimement le poète cette communauté parvenait à se constituer, mais c'est loin d'être le cas. En ce qui concerne les rapports épistolaires avec les parents, nous l'avons vu, le ton filial enjoué, ou les allusions à la régularité obligatoire de la correspondance, masquent à peine l'incommunicabilité. Qu'en sera-t-il des relations épistolaires avec les femmes ?

À première vue, Saint-Denys Garneau parle très librement avec ses correspondantes ; le pacte épistolaire s'enrichit de plusieurs thèmes étrangers à la correspondance familiale, ce qui indique pour ce domaine, paradoxalement peut-être, un possible surcroît de liberté. Le *je* demeure au centre, mais il fait un effort majeur pour rencontrer le *je* de la correspondante, lui accordant, à elle, attention et espace scriptural. Dans la correspondance avec Françoise Charest, la poésie et l'art constituent un important terrain de tentatives d'échanges, tentatives seulement, parce que les échanges sont souvent entravés par des interruptions de part et d'autre, puis par des stratégies destinées à faire recommencer la correspondance, si bien qu'interruptions et stratégies se chargent de signification intratextuelle : le fait de recevoir ou non une réponse devient la mesure du degré d'affection de l'autre et de la valeur du *je* aux yeux de cet(te) autre. On constate également que les lettres aux amies leur parlent d'*elles-mêmes* et de la femme en général. C'est ce dernier thème qu'il nous faut surtout aborder, car les relations avec l'autre féminin sont, chez Saint-Denys Garneau, symptomatiques de toute autre relation, jusque dans les intermittences du désir de vraiment connaître l'autre et d'en être connu.

Contrairement à ce que l'on pourrait croire, Saint-Denys Garneau s'exprime parfois sur la femme d'une manière tout à fait débridée, n'hésitant pas, à l'occasion, à parler des unes dans les lettres aux autres. C'est à Françoise Charest, avec qui, d'après la correspondance du moins, il était seulement lié d'amitié, que Garneau adresse une sorte de tableau des différences entre les sexes, tableau didactique et phallocratique au plus haut point. Sans doute, en 1930, le jeune homme ne faisait-il qu'exprimer une opinion ambiante, quitte à la mettre à l'épreuve. « Comme cela, vous aimez à jouir de façon passive » (*Œuvres*, p. 841), écrit-il à Françoise Charest (le contexte nous apprend qu'il s'agissait de jouissance esthétique). « C'est, dit encore Saint-Denys Garneau, tout à fait féminin. C'est ce qui empêche souvent les femmes d'avoir des idées générales justes. Elles concentrent leur sentiment et leur esprit sur une face des choses [...] » (*Œuvres*, p. 841) ; et c'est ce qui, selon notre moraliste en herbe, explique leur fidélité et leur ardeur en amour ! L'homme, en revanche, éprouverait le besoin de disséquer, d'analyser, d'approfondir, de juger. Voici une révélation précise fort pertinente en vue de nos conclusions : « Je me suis aperçu que chaque fois que j'ai aimé, c'est une partie d'une femme que j'aimais, une partie qui en telle ou telle faisait corps dans l'image de la femme parfaite que [*sic*] je rêve et qui n'existe pas, pas plus que je ne suis parfait moi-même » (*Œuvres*, p. 841). À première vue, ce passage signifie que l'être de la personne aimée est fragmenté comme celui de la personne qui aime et que l'on ne peut donc aimer que dans la fragmentation. Cependant, à y regarder de plus près, la comparaison est inégale : le locuteur avoue son imperfection, mais celle-ci ne va pas jusqu'au démembrement qui affecte l'image de la femme. Remarquons que c'est en effet de l'image de la femme qu'il est question, de ce qui en elle ou d'elle atteint le locuteur, et non de son être profond, lequel demeure occulté pour le locuteur. En tout cas, ce morcellement de la vision de l'autre conduit le locuteur à préférer des rencontres sporadiques et brèves : « C'est ainsi que je crois en des amours d'une soirée, que je crois qu'ils peuvent être grands, sincères, profonds, parce que j'ai déjà aimé un seul soir une femme que je n'ai pas voulu revoir pour ne pas briser le charme » (*Œuvres*, p. 841). Cet aveu exige peut-être un certain courage, puisque la correspondante aurait le droit de s'en indigner profondément, mais il révèle surtout une étonnante confusion entre perception esthétique de l'autre et relation amoureuse, et il contribue à établir l'extrême, et peut-être totale, impossibilité du dialogue, que ce soit dans la présence de l'autre ou en son absence, donc par la correspondance. Si l'autre n'a aucune réalité, le dialogue n'est-il pas foncièrement monologue ?

À une correspondante qu'il appelle « Mademoiselle », et qui est la cousine d'un ami, Garneau ne craint pas de confier son cynisme vis-à-vis d'une certaine catégorie de femmes, d'ailleurs jugées de loin : « J'ai vu une couple de femmes de mauvaise réputation qui ne m'ont rien dit et à qui je n'ai guère dit davantage tant physiquement que moralement parlant » (*Œuvres*, p. 1014). À Suzanne Manseau, il écrit une lettre où la phrase « Je ne crois pas que je vous aime » (*Œuvres*, p. 1018) revient litaniquement, ce qui rapproche la lettre, par provocation, du discours amoureux, même si elle ne donne lieu qu'à un discours vaguement érotique. Le manque de confiance de la jeune fille « égratigne » parfois le cœur du poète (*Œuvres*, p. 1017). La revoir lui apporte une « tendresse angélique » ; son absence crée le besoin de la revoir, besoin, selon lui, à peine physique et surtout spirituel : « Votre corps, je ne veux pas votre corps ; seulement une petite caresse, j'aime à regarder vos cheveux et à sentir votre bon cœur. Vous êtes délicieuse et j'attends impatiemment un moment de communion d'âme avec vous » (*Œuvres*, p. 1017-1018). L'ambiguïté d'un tel discours se passe de démonstration. Un peu plus loin, Garneau affirme son désir d'aider et de comprendre la jeune fille, de lire son journal intime afin de surprendre ce qui en elle ne se révèle pas dans la conversation quotidienne. Objet fragmenté de connaissance, la correspondante est loin d'avoir le statut que confère la notion traditionnelle d'amitié, celui d'un autre soi-même en qui recevoir et donner s'abolissent. La lettre suivante confirme cette distance. Se rencontrer, parler de problèmes communs, est un plaisir mutuel, c'est tout. Pourtant, dans cette même lettre (*Œuvres*, p. 1018-1021), Garneau va développer longuement le thème de la désintégration de l'être individuel et de ses rapports avec autrui, et aboutira à une vision philosophique aussi générale que pessimiste — dans une véritable dissertation, porteuse de toutes les marques d'une rhétoricité apprise : « Ainsi va le monde. Harmonie, rythme, où êtes-vous ? » (*Œuvres*, p. 1019). Une interprétation cynique — mais non moins légitime — verrait dans ce long discours désolé une tentative postadolescente (et postromantique) pour éblouir la jeune correspondante. Admettant que ce mobile explique en partie ce déversement de sagesse à l'intention d'une personne dont par ailleurs le destinateur dit apprécier surtout le parfum, on parvient à d'autres constatations. 1) Malgré la probable pauvreté émotive de ses relations avec sa correspondante, Garneau la choisit à cet instant particulier pour seul témoin de sa misère. 2) Sans se départir du ton discursif qui est celui d'un moraliste et non d'un jeune homme s'adressant familièrement à une jeune fille — seule la spiritualité peut unir les êtres ; « c'est par le principe que nous sommes frères » (notons ce masculin qui brouille ou abolit le sexe) « et c'est en lui que nous pouvons nous comprendre » (*Œuvres*, p. 1020) —, Garneau n'en exprime pas moins sa propre soif d'amour. 3) La réciprocité des cœurs existe, virtuellement du moins, à un niveau qui, sans être décrit en termes religieux, rappelle singulièrement la notion catholique de la rédemption d'autrui par la souffrance. Mais alors, ni l'incommunicabilité ni l'extrême solitude ne s'en trouvent guéries. Résultat : « nous avons droit de pleurer un peu sur nous-mêmes quand nous avons pleuré sur les autres, nous avons droit de souffrir de ne rien recevoir mais seulement après avoir beaucoup donné » (*Œuvres*, p. 1021). La conclusion de la lettre, dans un oubli total de la petite Suzon, sa destinataire, énonce en termes collectifs cette interdépendance qui est bonne, mais qui n'apaise rien, que ce soit de vive voix ou par correspondance : « Et d'ailleurs on n'est ouvert à recevoir que lorsqu'on s'est ouvert à donner. Car qu'est-ce que ce mal du siècle, stérile mal des repliés, neurasthénie, affolement, course au plaisir pour sortir de soi, pour s'oublier ? C'est cette affreuse obses-sion de soi-même... » (*Œuvres*, p. 1021).

Les lettres aux amis contiennent également leur part de questionnement concernant les rapports humains, y compris les rap-ports épistolaires. Là aussi, l'alternance de l'optimisme et du pessi-misme se fait jour, et Saint-Denys Garneau s'achemine inéluctable-ment, de plus en plus, vers ce dernier, mais jamais d'une manière linéaire. À titre d'exemple, citons une lettre à Jean Le Moyne, datée de 1938, et qui fait écho au cri de solitude adressé en 1931 à Suzanne Manseau : « Ma vie intérieure : désespoir complet et sans révolte de devenir jamais normal, d'entretenir jamais de relations normales avec les êtres, même dans une vie qui chercherait la charité définitivement, ordonnée à cette seule fin. Vocation de solitude et pauvreté ou mala-die incurable » (*Œuvres*, p. 990). Notons que cette lettre affirme que même la poésie n'a plus aucune prise sur « ma réalité » et que son signataire ne prend plus la peine de parler de Jean Le Moyne, son destinataire, alors que de nombreuses lettres antérieures lui consa-craient une attention considérable. C'est ainsi qu'en 1931 — année de la lettre à Suzanne Manseau où s'exprimait une telle difficulté à sortir de soi-même —, Garneau déclare passionnément son amitié envers Jean Le Moyne (mais c'était à la suite de la messe de minuit, donc dans un contexte qui favorisait un amour fraternel) :

> Je m'étais figuré, je me figure encore dans mon regret quelque chose de touchant, une heure de communion d'âmes perdues dans la foule, la tienne et la mienne, qui se comprennent probablement un peu [...]. Depuis longtemps je t'admirais beaucoup, je t'aimais, tu étais ce que je voudrais être [...], je t'aimais comme un autre moi-même qui eût été mon rêve de moi-même[3].

Une analyse approfondie de cet énoncé ne manquerait pas de dévoiler jusque dans cet élan vers l'autre une tendance solipsiste, car le scripteur s'approprie le destinataire, le transformant en « un autre moi-même », non parce qu'il se réjouit de l'altérité de l'autre, mais parce qu'il retrouve en l'autre une image idéalisée de lui-même.

Cette tendance, peut-être d'ailleurs non consciente, n'empêche pas Garneau de construire activement des amitiés en dehors de ses périodes de crise et de découragement, et parfois même durant ces périodes. À l'encontre d'André Laurendeau, il défend la pratique de la correspondance :

> n'étant pas romantique, je ne me leurre pas comme toi avec l'inutilité de la correspondance. N'y cherchant pas à être penseur d'occasion, mais l'occasion de penser, je n'y affecte aucune pudeur de moi-même, mais la construis un peu comme un journal ; ce qui encore une fois ne prouve pas son inutilité. Car le journal a bien des chances d'être une chose morte, tandis que dans la correspondance, chacun donnant son tour de roue, la machine renaît et garde son mouvement[4].

Cet aveu est révélateur entre tous. La lettre est construite. Nous nous en doutions, mais ici la constructivité devient consciente et programmée, et l'intention de l'auteur est bien d'abonder dans le sens de l'analyse de soi ou du moins de la pensée développée avant tout pour soi-même. Ce genre est utile, mais il a une faible teneur de fonction conative... Chacun y a accès et peut y participer avec « son tour de roue », métaphore qui précisément va à l'encontre d'une compréhension simultanée.

Ce qui frappe dans les lettres de Saint-Denys Garneau, c'est son effort tentaculaire pour surmonter la monologicité. La lettre est l'instrument de cet effort. Même si celui-ci échoue, le fait qu'il ait été tenté est en soi significatif. La lettre représente une zone richement innervée et stratifiée du discours social. Malgré ses intermittences psychologiques, Garneau ne cesse jamais de vouloir atteindre ses contemporains et d'être atteint par eux sur les terrains, tant culturels que politiques, qu'ils avaient en commun. Souvent, toutefois, il se rétracte ; et souvent se font jour des silences, volontaires ou non, sur le monde prêt à s'engouffrer dans la Seconde Guerre mondiale, preuves d'un repliement sur soi dont Saint-Denys Garneau est tant soit peu devenu l'incarnation. Était-il seul dans ce repliement ? Était-ce aussi celui d'une génération d'intellectuels québécois ou même de tous, intellectuels ou non ? La réponse ici n'est ni oui ni non, mais *à quel degré* tel ou telle fut comme Garneau un « enfant piégé[5] ». La correspondance de Garneau — sans parler de sa poésie, dont l'analyse aboutit à des résultats corrélés — le montre comme un cas extrême. Cela ne l'empêche pas d'être exemplaire dans la mesure où les faiblesses d'une société se dévoilent d'une manière signifiante par la voix de ceux-là même qui y vivent dans l'inconfort.

Notes_____

1. Saint-Denys Garneau, *Œuvres*, texte établi, annoté et présenté par Jacques Brault et Benoît Lacroix, Montréal, PUM, coll. « Bibliothèque des lettres québécoises », n° 1, 1971, xxvii/1320 p., p. 756. Désormais : *Œuvres*.

2. Benoît Melançon, « Pour une lecture sociale de la correspondance de Saint-Denys Garneau », *Voix et images*, 20 : 1, 58, automne 1994, p. 96-106, p. 105.

3. Saint-Denys Garneau, *Lettres à ses amis*, avertissement de Robert Élie, Claude Hurtubise et Jean Le Moyne, Montréal, HMH, coll. « Constantes », n° 8, 1967, 489 p., p. 11.

4. *Ibid.*, p. 46.

5. Pour reprendre le titre de l'ouvrage d'Antoine Prévost, *De Saint-Denys Garneau, l'enfant piégé. Récit biographique*, Montréal, Boréal, 1994, 238 p.

Table des matières

Achevé d'imprimer en juin 1996 chez

VEILLEUX
IMPRESSION À DEMANDE INC.

à Boucherville, Québec